自有品牌系列

自有品牌革命

欧洲市场研究与实践案例

[荷] 科恩·德·琼（Koen A.M. de Jong）

[荷] 罗伯特·朗贝尔（Robertus Lombert）　| 著

[荷] 洛·林普斯（Loe Limpens）

ILPL我爱自有品牌　译

The Private Label Revolution

Sharing Knowledge from Research and Practice

上海交通大学出版社

SHANGHAI JIAO TONG UNIVERSITY PRESS

内容提要

本书是自有品牌系列之一，主要内容包括自有品牌的演变、飞速发展的自有品牌、构建自有品牌架构、自有品牌的设计包装、折扣零售的超级市场化、建立购物者对商店的忠诚度、关于财务问题、与品牌共存等12章，以翔实的数据和完整的欧洲零售巨头的案例来展现自有品牌策略为零售商赢得的巨大成功以及需要避免的误区。

本书可作为从事零售、自有品牌行业人员以及生产制造业人员的学习资料，也可作为对自有品牌感兴趣人员的参考书。

© Koen A. M. de Jong

This translation of *The Private Label Revolution: Sharing Knowledge from Research and Practice* is published by arrangement with Koen A. M. de Jong.

图书在版编目（CIP）数据

自有品牌革命：欧洲市场研究与实践案例 /（荷）科恩·德·琼（Koen A. M. de Jong），（荷）罗伯特·朗贝尔（Robertus Lombert），（荷）洛·林普斯（Loe Limpens）著；ILPL 我爱自有品牌译. —上海：上海交通大学出版社，2023.10
（自有品牌系列）
书名原文：The Private Label Revolution: Sharing Knowledge from Research and Practice
ISBN 978-7-313-29323-7

Ⅰ.①自… Ⅱ.①科… ②罗… ③洛… ④I… Ⅲ.①零售业-品牌战略-研究-欧洲 Ⅳ.①F735.042

中国国家版本馆CIP数据核字（2023）第165356号

自有品牌革命——欧洲市场研究与实践案例
ZIYOU PINPAI GEMING——OUZHOU SHICHANG YANJIU YU SHIJIAN ANLI

著　者：[荷]科恩·德·琼　[荷]罗伯特·朗贝尔　[荷]洛·林普斯	译　者：ILPL 我爱自有品牌
出版发行：上海交通大学出版社	地　址：上海市番禺路951号
邮政编码：200030	电　话：021-64071208
印　制：上海文浩包装科技有限公司	经　销：全国新华书店
开　本：889mm×1194mm　1/16	印　张：14.75
字　数：288千字	
版　次：2023年10月第1版	印　次：2023年10月第1次印刷
书　号：ISBN 978-7-313-29323-7	
定　价：138.00元	

原著作者简介

科恩·德·琼（Koen A. M. de Jong），鹿特丹大学经济学硕士，在从事自有品牌制造业的第 18 年之际，于 2003 年创立了国际自有品牌咨询公司（International Private Label Consult，IPLC）。他在欧洲零售市场和自有品牌制造业拥有丰富的经验。IPLC 的服务旨在为欧洲及其他地区的零售商和品牌商提供战略和运营支持，通过定义明确的项目和董事会会议咨询与客户共享知识。IPLC 参与了欧洲自有品牌制造业的收购项目，并对这些收购目标进行了商业尽职调查。Koen 是世界各地学术研究会和专题讨论会上的著名演讲者，并在欧洲各地的各种自有品牌制造公司担任监事会成员。

罗伯特·朗贝尔（Robertus Lombert），里斯本卢西亚达大学毕业，在著名国际自有品牌零售商 Lidl 驻葡萄牙公司工作了 12 年，曾担任非食品总监和自有品牌总监。他对折扣零售商、超市和大卖场的零售策略有着深刻的理解和实践经验。他在 2007 年负责 Lidl 自有品牌的战略重新定位，

当时公司决定用与知名品牌相同的产品质量来取代基本的自有品牌。他还负责许多自有品牌产品的内外推广，并在葡萄牙成功推出了高级自有品牌Deluxe。离开 Lidl 后，他创办了自己的咨询公司。2017 年，他加入 IPLC担任合伙人。

洛·林普斯（Loe Limpens），马斯特里赫特应用艺术学院时装设计专业毕业，在自有品牌包装和零售设计业务的创意方面有丰富的经验。20年来，Loe 一直为各大自有品牌商、设计机构和荷兰市场领先的零售商Albert Heijn 工作。作为视觉识别营销经理，他曾负责 Albert Heijn 在 2001年至 2008 年期间成功的视觉定位，其中其设计的自有品牌包装设计发挥了至关重要的作用。目前，Loe 是 Yellow Dress Retail 的合伙人，这是一家专门从事自有品牌包装设计和零售业管理的机构。

ILPL 我爱自有品牌简介

ILPL 我爱自有品牌作为中国首家自有品牌综合性资源共享平台，是由零售商、自有品牌从业者、专家、学者等共同发起，于 2017 年在上海成立。

公司从成立之初就以立足中国，推进中国自有品牌的发展为使命。放眼世界，加强国际交流与合作，促进经验与分享，增强全球优质供应链的全球供给，为全球自有品牌从业者、零售行业进行深度赋能，共同推进自有品牌发展。

ILPL 我爱自有品牌涵盖了四大关键业务领域。

（1）自有品牌传播：挖掘国内外不同业态的优秀自有品牌案例，关注自有品牌创新领域，分享行业趋势。

（2）全球供应链整合与共享：为全球自有品牌上中下游企业提供合作对接及人脉链接，搭建学习、交流和互动的平台。

（3）自有品牌创意与孵化：积极培育新创意，推动自有品牌的不断创新，为从事自有品牌产业的企业提供从选品、设计到销售的全案策划和产品落地服务。

（4）自有品牌全球研学：提供全球性的自有品牌研学团，深度学习不同市场的创新业态和最新策略，促进知识的共享与传播。

"ILPL 我爱自有品牌"译者团队

吴玉琪　张　腾　金业涛

翟　理　王　舒　张小巍

潘玥光　朱靖逸

中文版序言1

找到中国特色的自有品牌发展之路

近年来，自有品牌相关话题备受业界关注。自有品牌之所以备受关注，和中国零售行业当前发展阶段密切相关。

20世纪90年代中期以来，伴随着中国经济的高速发展，众多全国性和区域性零售龙头企业快速崛起，与此同时，国内的消费品品牌也快速成长。在这个阶段，品牌商和零售商之间的合作关系基于各自的市场地位，双方虽然有一些矛盾，但是基本上属于互相成就的关系，也实现了共同发展。以商超行业为例，随着华润、家家悦、永辉、大润发、联华等国内零售品牌涌现的同时，国内消费品品牌（如伊利、蒙牛、金龙鱼）也快速崛起。

当前，中国GDP增速进入中低速发展阶段，4%—6%的经济增速逐渐成为常态。这个阶段最明显的特征，就是产品供应商和终端渠道都开始出现过剩，尤其是渠道端。除了线下渠道日渐饱和之外，电商平台、垂直类电商、直播平台和短视频渠道层出不穷。在此阶段，一方面零售市场总体扩张的速度减缓；另一方面，市场的增量主要来自线上渠道和新兴渠道，线下渠道逐步进入存量市场。这时，零售企业能否在市场上生存，取决于企业的运营水平，更取决于是否为消费者创造价值。

零售企业如果仅仅停留在做商品的搬运工，也就是说，当商品从供应商或者批发商手中进入零售这个环节，如果我们参与创造价值的程度很低，而且渠道之间替代性又太强，零售企业在市场中难以生存，因此，商品从上游进入到零售企业开始，一直到消费者购买完成，在中国这个流通环节，零售企业一定要创造自己独有的价值。

正是在这样的背景下，越来越多的零售企业开始关注如何为消费者创造价值。创造价值，体现在商店的服务品质，体现在良好的购物环境，体现在线上快速履约能力和宽松退换货政策，更体现在零售企业独特的商品力建设。因此，我们看到越来越多的企业通过自有品牌和定制品牌，来增强自己的商品竞争力，体现自己企业的差异化，同时越来越多的企业强化店内加工部门和符合当地特色的即食产品，增强门店的体验感。

本书详细介绍了欧洲主要零售企业的自有品牌发展历程，让读者有机会了解欧洲自有品牌的起源，了解零售商如何通过自有品牌减少对品牌商的依赖，到发展自己特色、建立商店忠诚度为目标的自有品牌策略。作者也用一定篇幅描写自有品牌出现之后，零售商和供应商之间的关系如何达到再平衡；同时作者也详细介绍了折扣超市出现后对原有零售格局的蚕食，并提出了"折扣零售的超市化"现象，在欧洲发生的情况，未来会不会在国内重现，也值得业界关注。

通过阅读此书，读者可以通过总结前人的经验，少走一些弯路，当然，中国作为制造业大国，国内零售企业和国外零售企业有共通之处，也有自己特有的国情。以非食产品为例，在国内制造能力过剩的情况下，国内企业就要考虑自有品牌核心解决什么问题？如果单纯是性价比，相信国内有无数可以替代的品牌。因此中国零售企业自有品牌之路该如何走，还需要国内同行在借鉴国际同行的基础上，找到适合国情的发展之路。

我们期待未来能看到更多国内零售企业的实践，我也相信中国企业的这些实践，一定会为消费者创造独有的价值、为企业的可持续发展，进一步助力！

中国连锁经营协会秘书长

2023 年 8 月

中文版序言 2

重视"增值型自有品牌"的开发

自有品牌开发经过初期发展后，出现过三次高潮。1978—2003 年的初期发展，以百货店、专业店、连锁超市为主导；2004—2008 年的第一次高潮，在外资大卖场的推动下，自有品牌开发向系列化发展；2009—2015 年的第二次高潮，自有品牌开发进入转型期，向高品质、高性价比、差异化方向发展；2016—2023 年的第三次高潮，新零售引领生鲜自有品牌，互联网自有品牌不断加码，联盟自有品牌初具规模，网红自有品牌横空出世。

我国自有品牌发展经历三次高潮后，呈现出系列化、差异化、品质化、多元化发展态势，百货自有品牌、超商自有品牌、专业店自有品牌、联盟自有品牌、互联网自有品牌、个人自有品牌、老字号自有品牌、餐饮自有品牌等都不同程度地加快发展。

然而，自有品牌开发是一项耗时、耗费、耗力的战略行动，目前正面临新的转型期。本书从行业实践与理论架构两个维度，回答了我国自有品牌开发所遇到的诸多问题，可以作为零售商尤其是自有品牌开发主管的必备书与必读书。

全书共 12 章，"自有品牌架构"部分描述了欧洲 20 家著名零售商的自有品牌开发案例，向读者展示了自有品牌开发的逻辑架构，这部分内容具有很强的实践应用价值。

第 1 章自有品牌的演变，有三个重要发现：自有品牌的最初发展是为了"减少对品牌商的依赖"。其后出现的"白色包装包装的通用自有品牌"的出现，则是为了"摆脱品牌商强加在他们身上的纵向固定价格"。由于零售商同行竞争越来越激烈，"发展自己的特色以建立商店忠诚度并因此获得更稳定的营业额成为当时的一个战略目标。事实证明，自有品牌是实现这一目标的独特武器"。自有品牌的演变经历从"纵向低价化"向"横向差异化"发展的过程，既要重视品类管理准则的驱动，其更注重消费者的选择。

第2章飞速发展的自有品牌，总结了欧洲自有品牌发展的重要经验，即从价格上击败折扣零售商极为重要，牺牲质量降低价格的策略已经无法应对折扣零售商。欧洲有两种应对折扣零售商的策略：德国零售商艾德卡提出了"品牌的质量，折扣的价格"的策略，并增加 Aldi 不销售的产品，而英国零售商则是通过提升自有品牌的包装使消费者更体面地购买自有品牌；在质量可以接受并且价格合适的情况下，消费者愿意接受更少的选择，这一点对我国零售商特别重要，少而美才是最好的。传统的自有品牌开发的三层架构（高中低）开始转型，通过开发增值型自有品牌，以补偿其与折扣零售商抗衡的价格策略所造成的利润损失。

第3章构建自有品牌架构，用大量实例阐述了自有品牌三层架构的变化：产品质量、包装设计和营销成为零售商开发自有品牌的三个重点；带有特殊标签的增值型自有品牌产品使原有的三层架构变得更为复杂，并弥补标准自有品牌利润的缩减。

第4章自有品牌的设计包装，第5章折扣零售的超级市场化，第6章建立购物者对商店的忠诚度，第7章关于财务问题，第8章与品牌共存，第9章权力平衡的转移，第10章供应商和零售商的关系，第11章优秀的运营，第12章采购、质量和供应行业，分别从包装、折扣店转型、消费者、财务平衡、品类管理、零供关系等方面，用大量案例阐述了变化趋势与应对策略。

全书有三个显著特点：第一，案例与引证翔实，符合行业发展趋势。第二，内容鲜活，观点新颖，对我国自有品牌开发的转型具有重要的参考价值。第三，实践与理论相结合，展示了自有品牌开发的逻辑架构，尤其是"增值型自有品牌"更值得我国零售商特别关注，增值型自有品牌是价格战的一个平衡机制，没有增值型自有品牌，犹如刹车失灵的弯道超车者，超车过程大概率会翻车。

上海商学院教授

2023 年 8 月 26 日于上海恒春草庐

前　言

12 年前，我写了我的第一本关于自有品牌的书。我只是觉得有必要就这个自从我加入这个行业以来一直让我着迷的话题上分享一些实践中的经验。在那个时候，我很惊讶地发现，几乎没有任何关于这一内容的出版物，而那时自有品牌已将许多成熟的知名品牌推到了防御的边缘。自有品牌对制造商（包括品牌和自有品牌）、供应业和零售商必须在其中运作的竞争环境所产生的影响是巨大的。

在过去的 10 个月里，我花了大量的时间来准备和编写你们现在手里的这本书，并在创作书名时花了很多心思。"自有品牌革命"很好地描述了目前零售品牌市场的发展形势。在零售和制造两端，自有品牌在更多的专业人员的推动下其市场份额在进一步扩大。

更重要的是，折扣零售商的惊人增长已经不可逆转地扰乱了市场。他们已经成功地进入了主流零售商几十年来牢牢占据的据点——新鲜品类。我们将这一现象命名为"折扣零售商的超市化"，而老牌零售商发现他们对于这种现象非常难以应对。

在过去的 16 年里，IPLC 已经成长为一个遍布欧洲 9 个国家的自有品牌专业团队。我们的合作网络让我们能够接触到行业内的关键决策者。我们分配资源不仅是为了支持我们的客户，也是为了通过我们自己对相关自有品牌相关主题的研究来提高我们的理解力。

作为一个团队，我们努力在世界上最成熟复杂的自有品牌地区掌握最新趋势和发展。这使我们能够以最好的方式在全球范围内为客户提供支持。市场正以惊人的速度发展，自有品牌因消费者品牌忠诚度的下降、折扣零售商的崛起和注重价值的年轻一代的兴起而蓬勃发展。

关于品牌商品牌是否会比自有品牌更持久的争论可能会持续下去。但对于注重成本的消费者来说，这是无关紧要的争论。无论是谁制造了你的一盒麦片，一瓶洗涤剂或一包电池，只要它们能帮助我们，这真的很重要吗？这些都不是身份的象征，为品牌支付溢价的倾向很可能正在消失，尤其是替代品之间的质量差异并不明显。

在这本书中，我们试图捕捉我们需要的大部分知识，并在欧洲20多个国家的商店进行了密集的走访，以研究自有品牌的最新发展。更重要的是，从2007年开始，我们每4年就会出版一本关于自有品牌的书，似乎市场也正以某种方式期待着这一本新书。最近，零售业和制造业的一些参与者让我们意识到这本书中有他们认为值得我们在书中讨论的计划和主题。这使得这本书成为所有在这个复杂而迷人的行业工作的人的必读书籍。

就我个人而言，我非常享受这个写作过程，因为它迫使我再次深入研究这个问题。就像之前的出版物一样，这本书提供了切中要害的洞察力。写作风格简洁，以简单易懂的方式传递有价值的内容。我真诚地希望这本书能增进您对自有品牌、零售商和制造商之间的互动，以及你对自有品牌导致成功的动力的理解。

自有品牌革命设想帮助您采取措施，微调您的策略和流程来更好地管理自有品牌。

Koen de Jong

IPLC Vught 管理合伙人

2019 年 2 月 9 日

致　谢

正是有许多人参与了这一过程，才有了你们现在手中的这本书。除了我在IPLC的同事们继续激励我并愿意校对书稿外，还有一些支持者我想特别提及。

首先是蒂尔堡经济和管理学院的营销学教授英奇·盖斯肯斯（Inge Geyskens）。感谢她对手稿的宝贵反馈，她的意见和建议的详细程度是无价的，对我改进本书的结构和故事情节有很大帮助。除了我们参考的Kantar World Panel、Nielsen和IRI等公开资料之外，LZ Retailytics的丹尼斯·克鲁格（Denise Klug）和马蒂亚斯·奎克（Matthias Queck）还分享了具体的市场洞察力。此外，在我的人际网络中，有许多人可以为我提供咨询，以核实和反复检查我的洞察力和意见。

很高兴再次与HLLS的海伦·勒斯特（Helen Lusted）合作。正如她为前三本书所做的那样，她编辑和纠正了手稿以使其易于阅读。Reflections的大卫·范·杜伊霍芬（David van Duijnhoven）协助拍摄了大量高质量的照片。我非常感谢Sugar Works的威廉姆·德·林特（Willemijn de Lint）为封面设计了具有艺术感的自有品牌印象。而所有这些都是在Inline Design的艾伦·米尼克（Ab Meenink）和杰洛恩·马丁（Jeroen Martens）的协助下完美地组织在一起的。

目　录

06 建立购物者对商店的忠诚度

07 关于财务问题

11 优秀的运营

12 采购、质量和供应行业

自有品牌体系结构

自有品牌的演变

知名品牌的排他性

多年前，超市曾经是品牌产品的专属领域。在同一个门店内，往往只有不同品牌之间存在着竞争关系。消费者的需求以及产品的销量取决于产品的质量、可用性、价格和支出品牌的营销策略。超市里提供的品牌数量众多，品牌商努力占据有利的市场，并开发能够满足消费者需求的产品。在很大程度上，可以说品牌商掌控门店。品牌商制定了销售价格，如果零售商不遵守的话，就有可能被排除在商品供应之外。这时，零售商对于品牌商的实际制造成本没有丝毫概念。品牌商在通过各类市场营销手段来提高消费者的需求之后，然后将自己的产品通过零售商来分销给消费者。在这个环节中，零售商的作用只是尽可能高效周转以此满足消费者需

求，通过进货、销售来争取一些利润。零售商自己真正拥有的数据很少，因此只能依靠供应商与他们分享的信息和数据。

最早的自有品牌

在 20 世纪初，许多零售商已经开始生产一些自己的产品，以减少对品牌商的依赖。因此，在 1901 年，法国零售商 Casino 开始在自己的工厂中生产糖果、烈酒和甜酒等产品。1914 年，荷兰的 Albert Heijn 开始生产饼干、糖果和姜饼[1]。此外，自 1910 年以来，Albert Heijn 便开始委托第三方生产精美的甜巧克力和酪乳肥皂（奶油牛奶润肤皂），并以自己零售商的品牌在门店内售卖。1924 年，Tesco（乐购）推出了自己的品牌茶。1930 年，

比利时 Delhaize 公司开发了自己的品牌产品——Derby，该品牌在其旗下所有门店出售。

通用品牌

在 20 世纪 70 年代，品牌商仍然对产品有着定价权，他们可以决定把产品以多少钱的价格卖给消费者（垂直定价）。但是由于超市数量的增加，一定程度上导致零售商获得了更强势的地位。当他们发现大型品牌商拒绝放弃严格的价格政策时，大型零售商于 70 年代开始在欧洲各个国家推出通用品牌产品（"白牌"商品）：设计包装为白色，没有任何产品名称的简洁包装的消费产品。通用品牌产品包装中的内容只是通用名称，例如"玉米片"，"多用途清洁剂"或"咖啡"。在法国，1976 年 Carrefour（家乐福）推出了"produits

直到 2002 年，比利时零售商 GB（于 2000 年被 Carrefour 收购）还在为比利时的消费者提供多种只有基本包装的"白牌产品"

libres（自由产品）"。1978 年，比利时的 GB 公司推出了"produits blancs（白色产品）"，荷兰零售商 Jacques Hermans（雅克·赫尔曼）也推出了"witte producten（白色产品）"。不论是包装的材质，抑或是产品质量都旨在保持低价的原则。通过引入"白牌"通用品牌（早期的自有品牌），零售商可以为消费者提供制造商所制造的昂贵的商品的平价替代品，这些价格平均比制造商品牌的价格低 40%[2]。

由于早期零售商在包装和产品质量领域的知识或经验有限，且无法确定实物产品的规格或无法正确评估产品质量。这意味着，这些产品的质量尚待改进。在消费者的印象中，在大多数情况下通用品牌的质量较差。而看起来便宜的包装又再次向消费者强调了这一判断。

山寨产品

在 20 世纪 80 年代，更加集中的贸易加剧了零售商之间的竞争。各种零售商开始想方设法从竞争中脱颖而出，从而开始更加注重市场营销。除了为消费者提供服务和购买乐趣外，零售商之间在价格上的竞争也愈发激烈。因此，对商店盈利能力进行令人满意的监测变得非常重要。毕竟，增加客流量，从而增加他们的支出，是符合零售商的利益的。与顾客建立可持续的关系已提升为零售商的一个战略目标。发展自己门店的特色就变得至关重要，这可以带来更高的商店忠诚度，从而让零售商获得更稳定的营业额。

20 世纪 80 年代初期，零售商开始进行产品方面的竞争。在这时，自有品牌被证明是战斗中的一种独特武器。毕竟，制造商的品牌在任何商店都能买到。如果都售卖这些产品，零售商只能打价格战而不能在产品上将自己与零售竞争对手区分开来。到了 20 世纪 90 年代，几乎所有的欧洲零售企业都在致力于开发自己的自有品牌，以提供与零售竞争对手和品牌商不同的独特产品。这些公司的核心关注点都是将自有品牌转变为一个值得信赖的品牌，以获得消费者的忠诚度。大多数零售商采用的策略是，为弱势品类或创新很少或没有创新的品类产品提供高质量的优质产品。在下一阶段，自有品牌的范围被扩展到其他品类，从而模仿品牌并提供差异化产品。

可以说，在 20 世纪 80 年代，自有品牌的产品实质上是对全国领先的一线品牌的廉价模仿品，特别是罐头食品和清洁品类。但是，随着时间的推移，零售商也开始模仿许多其他品类的产品，并提高了它们的质量。随着自有品牌的市场份额以牺牲品牌产品为代价的持续增长，围绕不正当竞争和侵犯品牌权利的争论日益活跃。零售商被指控故意抄袭成功的品牌，模仿知名品牌的视觉外观，目的是利用与这些品牌相关的积极关联。这些产品被称为"山寨产品"，是指有意模仿国家知名品牌的视觉特征，例如品牌名称、图形元素、颜色、文字和设计，从而创造出类似于国家知名品牌的包装的自有品牌产品。

山寨产品对零售商来说有以下三重好处：支持自有品牌的销售，提高利润率以及使零售商可以降低品牌产品的商品成本，从而使零售商进一步提高其利润率。

那些模仿一线品牌包装的自有品牌可能比自己创新包装的自有品牌多增长 55% 的市场份额[3]。山寨包装可能会导致消费者相信该产品是由那些知名品牌制造商生产的，具有相似的质量，相同的特征，或者实际上是该品牌本身。实际上，零售商只复制那些被证明是成功的品牌，就等于搭上了制造商对其品牌的研究、产品开发和营销工作的投资[4]。

爱尔兰 Aldi（奥乐齐）的一位前采购商承认他们会非常认真地在市场搜寻，以确定颜色趋势、字体风格、摄影风格和产品名称，使之与品牌密切相关，但又不至于引起法律纠纷。比较有力的例子就是如今仍在爱尔兰销售的 Aldi's Seal Bar，它与 Penguin Bar 品牌相似，或者是用绿色玻璃瓶装的丹麦自有品牌啤酒 Karlskrone，公然抄袭知名啤酒品牌 Carlsberg（嘉士伯）。一位 Aldi 前采购商认为模仿一线品牌的包装对忙碌的消费者来说就是一个以假乱真的信号。

> "模仿设计为忙碌的消费者提供了一个以假乱真的信号。"
>
> 来自一位 Aldi 前采购商

有两种混淆购物者的方式。首先，注意力不集中的购物者可能在不知情的情况下，误以为他们选

爱尔兰 Aldi 的 Karlskrone 啤酒品牌和英国 Aldi 的 Bramwell's 番茄酱品牌的山寨产品

择了一线品牌的产品，而不是自有品牌产品。研究表明，影响消费者选择的无意识识别因素按重要性从高到低依次为：颜色、包装形状、关键设计和名称（即版式）[5]。

造成混乱的另一个原因是，购物者错误地认为全国知名品牌和山寨产品是由同一个制造商生产的，即所谓的货源混乱。一项研究表明，有64%的受访消费者认为类似的包装意味着与一线品牌的联系紧密（实际上不存在）。尽管零售商并非总是试图造成消费者的认知混乱，但他们有时会试图表明其自有品牌产品与被复制的品牌具有相似的质量或功能[6]。通过这样的方式，零售商鼓励消费者尝试其自有品牌，并将自有品牌与一线品牌的产品质量进行对比。一个积极的购物体验使消费者相信其质量，从而导致复购，进一步提升顾客对商店的忠诚度。积极的购物体验也可以增加购物者尝试不同品类的自有品牌产品的可能性，因为他们相信同样的质量在其他品类也可以买到。

消费者的生活本来就已经很忙碌了，他们也没有那么多的时间购物。可以想象，零售商在混淆山寨品牌和一线品牌这一方面做得很好。因为对于大卖场里成堆的消费产品，消费者在购买其中一款产品的时候平均只花七秒钟做决定[7]。此外，零售商也成功地达到了第二个目标，因为他们从被模仿的国家知名品牌的质量、形象和声誉中收益。

2018 年的山寨行为

尽管山寨产品似乎已经成为过去式，但英国 Aldi 仍然是一个例外，因为它继续利用熟悉的东西来让顾客感到安心。在过去的几年中，这家折扣零售商经常被指控抄袭那些成功的新品牌的产品介绍，也就是所谓的挑战者品牌。挑战者品牌通过推出新概念来努力振兴一个品类。尽管 Aldi 声称它可以对成分进行基准测试，并使产品具有识别度，并且没有抄袭其他品牌的嫌疑，但它不得不在 2014 年与冰岛 Seachill 公司达成和解[8]。

来自冰岛 Seachill 公司的 Saucy Fish（零售价 4.50 英镑）和 Aldi 的山寨版 Saucy Salmon（零售价 2.99 英镑），这两款产品看上去几乎是相同的。不论是平滑的黑色真空包装，还是硬纸板套筒上的鱼形窗口，又或是配料本身，山寨版几乎就像是另一个产品的分身一般。在 Aldi 的 Saucy Salmon 上市仅几周后，Aldi 就被一纸禁令通知将这一款产品下架。这个案件最后在庭外和解了，Aldi 也最终停止销售该款自有品牌单品[9]。

然而，这件事似乎并没有改变 Aldi 的行为。这一点在 2017 年就很明显了，当时 Slimming World 威胁要起诉 Aldi，并指控 Aldi 抄袭其品牌的即食食品。因为 Aldi 推出的即食单品 Slim Well（零售价 1.99 英镑）看起来和 Slimming World 在冰岛售卖的微波炉即食餐包看起来几乎一模一样（零售价 £3.00）[10]。

Aldi 的 Slim Well 系列产品看起来与冰岛销售的 Slimming World 微波晚餐极为相似

Système U 的山寨产品与 P & G（宝洁）的产品相似

因为零售商一般是找厂家代工，所以零售商的自有品牌产品的成本通常比较低。因而一般仿冒一线品牌的自有品牌的利润就高于一线品牌的产品。除此之外，引入自有品牌会给这个品类的其他品牌带来竞争，从而提高零售商的议价能力。零售商可以威胁其他品牌，给自有品牌更多的资源，甚至是暂时或永久停止采购这全国知名品牌。因此，零售商在两个方面获利：一方面，它通过自己的山寨品牌获得更高的利润。另一方面，由于议价能力的提高，零售商还可以在该品类的其他产品上获得更高的利润。最重要的是，自有品牌产品通常被放置在门店里最好的位置（在视线高度且易于抓取）。通过大量展示，零售商在关键时刻就可以成功地影响消费者的决策过程。总而言之，山寨行为对于零售商而言是一项非常有利可图的业务。

零售商对山寨行为的辩解

山寨品牌可以以他们不使用品牌代码而使用品类代码这一事实为山寨行为辩护。由这个品类的领先品牌建立的品类专属特色在大多数情况下是一个国家 / 地区唯一的，并代表了消费者对整个品类的印象[11]。例如，在英国，红色代表咸味薯片而绿色则用于酸咸口味。在荷兰，蓝色代表着不含咖啡因的咖啡。法国售卖的烟熏三文鱼用红色代表苏格兰产地，绿色代表爱尔兰产地，蓝色代表挪威产地。

对于折扣零售商而言，就有在不同国家 / 地区成立本地采购处的需求。例如，爱尔兰 Aldi 的采购就是在爱尔兰，绿色包装的薯片意味着奶酪和洋葱，而英国的采购就不知道这一点。同样，在爱尔兰，香草味的冰激凌是白色的，而不是像英国和欧洲其他国家是黄色的。这些特点和 Aldi 在本地化方面所做的努力，使他们得以在英国市场上占得先机。

在 1997 年备受争议的 Penguin（联合饼干品牌）与 Puffin（自有品牌的山寨产品）的案例中，Asda 公司的营销经理在法庭上承认："即使我们告诉设计师希望与 Penguin 这个产品进行对比，但这并不意味着我们想抄袭企鹅的包装。但是由于 Penguin 是这个品类的品牌引领者，因此我们的任何包装都必须从 Penguin 的包装中汲取灵感。"

> "他们的策略很明确，他们正在借鉴其他品牌的灵感并进行重新创作，误导消费者购买一些并不是正品的东西。这真是令人沮丧。"
>
> 阿米莉亚·哈维（Amelia Harvey），The Collective 品牌联合创始人

品牌制造商对于山寨行为的回应

知名品牌制造商对零售商自有品牌模仿他们产品的事情保持极度关注。尽管这些品牌商冒着被下架或减少货架陈列的风险，但许多品牌商在认为零售商与他们的产品设计过于接近时，仍然会采取行动。

加拿大的一家知名品牌商收集的数据呈现了一些有趣之处。数据表明，当知名品牌商被另一个知名品牌商模仿时，通常的反应是对该品牌商采取法律行动或改进自己的产品。相反，知名品牌商对模仿它们的零售商的反应则截然不同。当零售商是罪魁祸首时，他们似乎不太积极地应对，并且更有可能与这些零售商进行谈判。据说是因为他们害怕零售商的报复，即在整体的零售环境中被下架或者是失去货架空间。这样的风险似乎影响了品牌商的反应[12]。

山寨行为的目的

有意识地模仿领先的知名品牌可以达到多种目的，例如迷惑消费者和混淆产品质量。很明显，山寨的自有品牌可能会与知名品牌产生品牌混淆[13]。

2013 年，某杂志挑选了 150 款类似包装的产品，调研了 2244 个消费者，他们发现有 64% 的消费者错误地购买了山寨产品而不是品牌产品。这个发现启发了后续的研究。2017 年，一个吸睛的研究发现，山寨产品的包装正在欺骗英国消费者，使其误买产品。British Brands Group（英国品牌集团）的这项研究声称，消费者经常使用"自动驾驶模式"逛超市，并被类似包装的产品所迷惑。

该研究表明，如果品牌产品和山寨产品同时摆在货架上时，消费者会做出错误的选择的可能性在 20%。而当货架上仅有山寨产品的时候，选错的可能性就增加到了 64%。该研究还发现，当山寨产品出现在货架上时，它往往比品牌产品更早被识别，从而使其具有优势[14]。

扩展的架构

在 20 世纪 90 年代末，零售商通过纵向差异化战略扩展了其产品范围，该战略旨在为消费者提供不同质量和价格的自有品牌（三层结构），以此瞄准市场的各个细分市场。在将自有品牌产品划分到尽可能多的品类之后，零售商发展的下一阶段是将其品牌扩展到这些品类中。Tesco 是欧洲第一个推出高级自有品牌产品系列以补充其低级和中级自有品牌的公司。在从 Marks and Spencer（玛莎百货）等竞争性零售商那招募到产品开发经理之后，Tesco Finest（Tesco 的高级自有品牌）于 1997 年成立。

不久之后，零售商又通过横向差异化战略向购物者提供了具有独特功能并吸引消费者的自有品牌，例如主打"有机"或者"公平贸易"的品牌。领先的欧洲零售商创建了具有自己鲜明风格的自有品牌系列。他们努力使自己的自有品牌系列与各自品类中的其他品牌区分开。购物者学会了信任自有品牌产品的质量，并且越来越不可能把这些产品与同等的一线品牌进行直接或间接比较。

如今，主流零售商的自有品牌发展是由品类管理准则驱动的，其更注重消费者的选择。对他们而言，自有品牌是创造产品区别和差异的机会，从而影响门店的偏好和客流量。这就是为什么大多数领先的欧洲零售商都以独特的设计创造出与品牌有所区别的自有品牌的原因。为此，他们努力使自己的自有品牌线与各自品类中的品牌区分开。更重要的是，消费者开始信任自有品牌产品的质量，不再需要与品牌的同类产品进行直接或间接比较。

品牌制造商通常会提供针对大众市场的产品，而零售商则会开发门店专有的产品。这些产品可能是专门针对该零售商的特定消费者的，消费者会在

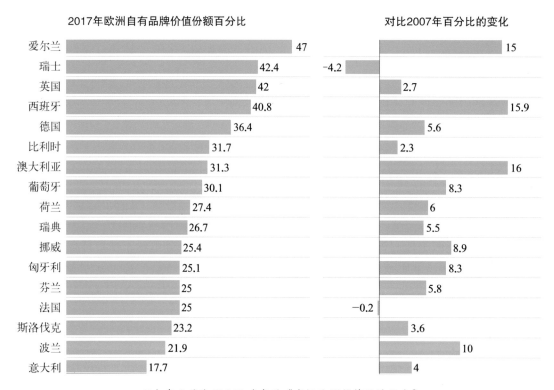

尼尔森公司为 PLMA 准备的《市场份额趋势统计指南》

这里发现其他地方没有的产品。实际上，零售商在其自有品牌上有某种程度的地方垄断，因为它是门店内独有的，而所有竞争的零售商都可能销售相同的知名品牌。由于消费者无法比较不同零售商之间自有品牌的价格，所以零售商可以进行独立定价。

零售商及其自有品牌供应商均有专业水准，并且有着专业的绩效考核，他们在相互的密切合作中建立了复杂的自有品牌架构，在许多欧洲国家提高了市场份额。根据 PLMA 的数据显示，目前有 8 个国家的自有品牌的市场份额达到 30% 或以上。世界上其他地方的市场份额都没有增长到这个水平。

如今，自有品牌架构已发展成为包含众多消费者兴趣标签的多品牌产品组合。除了"有机"和"公平贸易"已经成为主流外，针对"生态友好""地区来源""素食主义""无麸质/乳糖"和"便携"等细分市场的标签也正在得到解决。在自有品牌市场份额的增长和三层体系结构的引入的同

时，对产品属性的需求也在增加，这些属性对环境保护、人权、动物福利和社会问题都产生了积极的影响[15]。

> "是时候站出来反对操场上的恶霸了。"
> 安德鲁·基布尔（Andrew Keeble），Heck 品牌创始人

尽管大多数零售商已停止了山寨品牌的产品，但 Aldi 尚未显示出任何放弃这种做法的迹象。原因不仅是因为外观相似的包装吸引了购物者，还可能是因为这种做法引起了媒体的宣传和曝光。

2018 年，挑战者品牌 The Collective（酸奶品牌）和 Heck（香肠品牌）谴责英国 Aldi 推出山寨产品。香肠品牌 Heck 的所有者抨击 Aldi 提供的产品在总体外观、颜色和所用颜色组合方面与 Heck 的产品过于相似[16]。

总　结

超市曾经是品牌产品的专属领域。在很大程度上，品牌商可以控制门店中发生的事情。然而，在大约一个世纪的时间跨度内，双方的角色发生了逆转。

20 世纪初，许多零售商开始生产自己的产品，以此减少对品牌商的依赖。

20 世纪 70 年代，超市开始推出纯白色包装的

通用自有品牌，以摆脱品牌商强加在他们身上的纵向固定价格。

20 世纪 80 年代，零售商越来越着眼于从同行的激烈竞争中脱颖而出。发展自己的特色以建立商店忠诚度并因此获得更稳定的营业额成为他们当时的一个战略目标。事实证明，自有品牌是实现这一

目标的独特武器。

在早期，自有品牌产品基本上是对领先的一线品牌的廉价仿制品。然而，随着自有品牌的市场份额以牺牲品牌产品为代价的持续增长，围绕不正当竞争和品牌侵权的争论日益活跃。

20 世纪 90 年代末，零售商通过纵向差异化战略扩展了自己的自有品牌产品。将自有品牌产品划分为尽可能多的品类后，零售商的自有品牌在这些品类（好—更好—最好的三层架构）中得到了扩展。

此后不久，首批提供独特功能的自有品牌进一步吸引了消费者的兴趣（横向差异化战略）。领先的欧洲零售商创建了具有自身鲜明风格的自有品牌系列，以使其与一线品牌区分开。

购物者学会了信任自有品牌产品的质量，并且将自有品牌与同等品牌进行直接或间接比较的情况越来越少。如今，主流零售商的自有品牌发展是由品类管理准则驱动的，其更注重消费者的选择。

02 飞速发展的自有品牌

零售集中化和商店多样化

在过去几十年中，欧洲食品零售业在支离破碎中发生了巨大的变化。随着零售业的日渐增长和兼并，个别零售商的地位愈发巩固，从此出现了一批大型零售企业，这些公司控制着各自市场的重要份额。零售业的整合已在所有国家／地区进行，其导致了零售商集中度的急剧上升。

同时，许多成功的零售商通过多种商超模式并行发展，用多元化的方式来经营。多元化似乎是零售商寻找新机会的重要战略，因为多种业态可以使零售商能够针对不同的消费者，并且迎合不同的消费场所。此外，如果其中一种业态遇到了困难，这种模式还提供了另一种分销选择[1]。在多元化发展中，零售商优先考虑了增长趋势更高的业态，其中

一个例子是折扣店、便利店或线上等渠道，如 AH to-go、MyAuchan、Edeka（艾德卡）的 E-Center 和 Carrefour 的 Express。2018 年 10 月，Casino 在巴黎开了一家新店：Le 4 Casino，这家店是线下和线上的结合。几个月之后，Tesco 也宣布了一个让专家震惊的消息，该公司要进军折扣业态——在英国试点自己的折扣店 Jack's。此外，几乎所有零售商都把线上服务纳入了自己的业态之一，其中也包括送货上门或到店提货服务。

> "零售业务现在以创新为中心，实体零售和电商的鸿沟逐渐会消失。"
>
> 让-查尔斯·纳奥（Jean-Charles Nao），Casino 集团首席执行官

Le 4 Casino

在 2018 年 10 月，Casino 推出了其新概念门店 Le 4 Casino：一个吃饭、放松和购物的地方。巴黎的第一家门店的通道里摆满了美食，这些美食大部分是带有 Casino 标签的产品以及有机和纯素食产品。同时，门店还在售卖着其他品牌的独家产品，带有共同工作空间的 Cdiscount 陈列室和最先进的酒窖也构成了这一概念的一部分。

各种数字服务增强了顾客的购物体验，使顾客无需实体结账就可以全天候购物，并轻松地在店内找到想要的产品，更能利用线上平台选择更广泛的产品和服务，以及查询正在售卖的产品的更多详细信息。

在 Le 4 Casino 的三楼，有一个 Casino 的产品陈列室和一个免费的共享空间。从街上可以看到的数字大屏幕甚至可以在消费者进入商店之前就为他们提供了一种体验。除了现场选购产品外，购物者还可以选择通过数字墙扫描物品并安排当晚送货上门。

人口结构的变化，人口的老龄化，家庭户规模越来越小，城市化和快节奏的生活方式，正在推动邻近零售和便捷购物的需求。这就解释了为什么零售商向便利店和线上电商等渠道多元化发展[2]。

在另一端，我们看到了折扣零售商的发展，这种业态撼动了传统的食品杂货市场，并为传统的领先零售商们带来了激烈的竞争。折扣零售商在市场上活跃了很多年，但其商品种类仅限于能够满足基本消费者需求的稳定产品。由于不断变化的经济环境和消费者行为，他们通过进入新品类并成为增值领域的积极创新者来提升自己的竞争能力。

市场上发生的变化也为欧洲自有品牌行业带来了新动力。折扣零售商的加速增长，也迫使着零售商必须调整自有品牌策略。

应对折扣零售商的出现

以 Aldi 和 Lidl 为代表的折扣零售商正在飞速地发展。两家企业的零售额均超过 650 亿欧元，在欧洲食品零售市场上占据了稳固的地位。这种特有的零售形式在价格、质量、一致性和简单性上具有有利的竞争优势。为了降低顾客流失的风险，欧洲许多主流零售商都通过扩大或重新推出价值型自有品牌产品线来做出回应。尽管这些自有品牌在过去具有足够的竞争力，但是现在它们似乎不再足以抗衡折扣零售商。

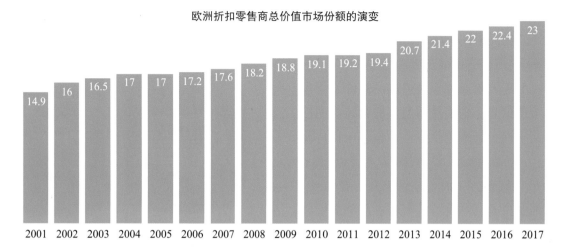

欧洲折扣零售商总价值市场份额的演变

根据尼尔森零售测量服务公司（欧洲包括：奥地利、比利时、丹麦、芬兰、法国、德国、希腊、意大利、爱尔兰、荷兰、挪威、葡萄牙、西班牙、瑞典、瑞士、英国、匈牙利和波兰）的数据

价值型自有品牌在架构中的地位

IPLC 在 2016 年的研究确定了对抗折扣零售商的有效策略[3]，并分析了欧洲零售市场中一些主流零售商在自有品牌架构中的价格和质量策略。该研究表明，欧洲的零售商正在价格的硬性折扣方面积极应战。在研究中所涉及的 9 个国家中，主流零售商的自有品牌价格比各自国家 Lidl 的价格最高低 40%（平均 8%）。对他们而言，从价格上击败折扣零售商似乎极为重要。

此外，该研究还包括产品质量比较。在所有接受检查的产品中，Lidl 产品的质量与国际品牌的质量相同或更好，而各个主流零售商提供的价值型自有品牌却并非如此。在许多情况下，主流零售商的价值型自有品牌的质量往往低于 Lidl 产品。举几

主流零售商的价值型自有品牌以及 Lidl 的自有品牌价格指数（一线品牌的价格指数 =100）

零售商	所在国家	价值型自有品牌	Lidl 的自有品牌
Albert Heijn	荷 兰	45	54
Tesco	英 国	15	38
Delhaize	比利时	35	45
Carrefour	法 国	49	51
Edeka	德 国	40	40
Carrefour	西班牙	48	56
Tesco	波 兰	41	56
SPAR	澳大利亚	41	40
COOP	瑞 士	31	37
	平 均	38	46

（基于 IPLC 2016 年的调查）

个例子：草莓果酱中的水果含量较低，巧克力酱中的榛子百分比较低或牛奶什锦早餐中的水果含量较低。第 5 章将进一步详细地介绍该主题。

此外，主流零售商似乎渴望传达其价值型自有品牌的价值信息。他们使用简洁的包装搭配简单的摄影或平面设计来降低成本。包装也保持简单，例如，某些蔬菜罐头没有拉环，包装上也尽可能地少使用颜色，又或者是番茄酱不带滴头。研究得出的结论是，尽管价值型自有品牌的价格低于折扣零售商的产品价格，但是是以牺牲产品自身的质量为代价的。

欧洲主流零售商认为，通过提供价值型自有品牌，可以减少消费者流失到折扣零售商那的风险。然而，事实证明，这种回应已然是不够充分的。虽然这在过去可能是一种有效的方法，但是现在已经明显过时了。

更重要的是，不能排除此策略带来的负面影响。首先，自有品牌给零售商带来的利润要比同等水平的厂家的产品还要低。通过提供价值型自有品牌，如果消费者购买了更便宜的价值型自有品牌，而不是利润更高的厂家产品，那么由于蚕食效应，零售商在这个品类的盈利能力就会受到影响。其次，大多数主流零售商都使用自己的零售商品牌来为价值型自有品牌做背书，如果消费者在实际的体验中，认为这一款产品的质量较低，那么不满意的消费体验会对零售商品牌的信任产生负面影响。

果酱含 50% 的水果和榛子酱，含 13% 的榛子。在几乎所有情况下，Lidl 的产品质量都优于主流零售商提供的价值型自有品牌

颠覆性策略

因此，主流零售商开始重新考虑他们的策略，因为他们发现用更低的价格来提供不同质量的产品根本无法有效打击折扣零售商。

在整个欧洲，主流零售商通过不同的策略来应对折扣零售商的成功。如，对价值型自有品牌在质量上进行了升级，以替换标准型自有品牌；或者在不改变质量的情况下降低了原有自有品牌的价格，以取代更有价值的自有品牌。所有这些都是为了与折扣零售商的价格相匹配。此外，许多国际品牌也在该品类被下架。

因此，经典的三层自有品牌架构开始消失，因为零售商认为如果消费者在折扣零售商处可以通过低价购买到高质单品，那么他们就不会被零售商所销售的以牺牲质量来达到低价目的的自有品牌所迷惑和吸引。

尽管主流零售商与折扣零售商相互竞争的方式因国家和零售商而异，但最常见的有两种策略：一种是德国零售商采用的方法，另一种是英国零售商采用的方法。下面的段落介绍了这两种情况。

德国零售商对折扣零售商的反应

多年来，德国折扣零售商的总市场份额一直徘徊在43%左右，而自有品牌一直是Aldi和Lidl"两大巨头"的强项。据GfK的数据显示，Aldi的自有品牌市场份额超过80%，Lidl的市场份额超过60%[4]。多年来，主流零售商一直在努力应对折扣零售商的折磨，但与此同时，他们也创造了一个自己的答案：第一个选择颠覆性策略的零售商是Edeka（艾德卡）。

2009年，由Edeka打造的价值型自有品牌产品线Gut & Günstig（廉而美系列）启动了一项新战略。像所有其他零售商一样，Edeka一直在提供中端自有品牌产品线，其售卖的产品与Aldi的产品虽然价格相匹配，但质量较低。随后Edeka放弃了这种策略，取而代之的是与Aldi完全相同质量的产品。同时也参考了Aldi的自有品牌价格，因为该公司是德国食品零售领域无可争议的价格领导者。Edeka提出了"品牌的质量，折扣的价格"（实际上与Aldi的价格相当）的口号。这种策略使Edeka甚至可以增加Aldi不销售的产

品。此外，Edeka升级了其Gut & Günstig包装设计，以此向消费者传达产品质量有所提高的信息。可能一部分原因是这种新的策略，Edeka的市场份额已从2008年的14%增长到了2018年目前的21%[5]。

更重要的是，Gut & Günstig系列取代了Edeka自有品牌系列中那些与知名品牌质量相当的自有品牌。此外，Edeka的中端自有品牌还通过更具体的侧重点和独特的营销方案与一线品牌区分开来，从而在产品质量和包装方面增加价值。

这意味着，尽管Edeka采取了三层自有品牌策

Edeka自有品牌"Gut & Günstig"系列与Aldi折扣零售相比能提供更好的质量和价格选择

Gut & Günstig € 0.89
Edeka € 1.59
Dole € 1.99

略，但中端自有品牌的质量等同于一线品牌质量。Edeka 的自有品牌产品还提出了其他主张，以此来缩小一线品牌和 Edeka 自有品牌之间价格的差距。更有趣的是，一家德国零售商采取了颠覆性的举措来与折扣零售商正面对抗，因为数十年来，英国一直是大多数自有品牌创新的榜样国家。

此后的几年中，有许多德国其他的零售商决定在其传统的三层自有品牌架构中重新定位中端自有品牌。当零售商还在为消费者提供低质低价的价值型自有品牌产品的时候，消费者已经可以在折扣零售商那里以低价购买到好质量的产品，所以零售商的价值型自有品牌产生的效果就与其预期相反。毕竟，虽然低价可能会推动消费者的第一次消费，但只有好的质量才会推动消费者的回购和忠诚度。此外，价值型自有品牌通常以零售商的名称作为 logo（商标），所以为消费者提供劣质的产品反而会损坏消费者对其零售商这个品牌的信任[6]。

还有其他研究得出结论，中端自有品牌并不能很好地抵御折扣零售商的冲击。调查发现，虽然中端自有品牌可以让零售商保留忠实消费者的总支出，甚至可以在与其他主流零售商竞争的情况下，提高整体品类的销售额，但是如果附近有一家折扣店，那么这些正向的销售效果将基本消失。在这种情况下，中端自有品牌实际上可能会增加消费者对价格的关注，或者让零售商整体提供的产品质量处于不利地位。在这种情况下，低边际价值的自有品牌不仅可能无法扩大品类的销售额，而且甚至会降低品类的利润率。对于那些附近有折扣店的零售商，他们仍可以在那些质量差异化较小的品类中，通过为顾客提供折扣店没有的价值型自有品牌产品而获得适度的销售增长。这将阻止忠诚的顾客在折扣零售商那购买这些产品[7]。

英国零售商对折扣零售商的反应

1993 年，Tesco 率先推出了针对英国折扣店 Kwik Save 的价值型自有品牌，当时 Aldi 和 Lidl 还不是 Tesco 需要考虑的折扣零售商竞争对手，而其他零售商则继续遵循自己的价值型自有品牌原则。多年来，英国的所有零售商都对其价值型自有品牌包装设计进行了升级。升级包装并且重新上市的目的是旨在减轻消费者购买货架上最便宜产品的尴尬，反而是让消费者觉得自己很聪明。在 2012 年，Tesco 决定将"好"层级的自有品牌的包装设计得看起来更具吸引力，以便与折扣店抗衡，并将 Tesco 的 Tesco Value 改头换面，升级成 Tesco Everyday Value。但是，该系列的产品包装看起来仍然不是很吸引人，并且品类经理搞砸了这些产品的利润组合，所以就给人一种 Tesco 并不是真正希望消费者从这个自有品牌范围内购买商品的感觉。

重建零售三层架构

为了更好地与英国的 Aldi 和 Lidl 竞争，Tesco 在 2008 年推出了"折扣品牌"，这一系列都有着很好看的 logo，并且售卖上百款单品。随着低价的德国折扣店一直在迅速增长，Tesco 认为新的产品线是对这一威胁的有力回应。Tesco 以广告语"英国最大的折扣零售商"来支持他们的"折扣品牌"的推出。实质上这些商品并非直接涉及 Tesco 零售商的品牌，而是自有品牌的产品。Tesco 品牌建筑中增加了 35 种产品，例如 Lane 牌的蛋黄酱、Country Barn 牌的玉米片、Sun Grown 牌的橙汁和 Daisy 牌洗衣液就被加到了 Tesco 已有的自有品牌架构中。

新的"折扣品牌"的价格位于 Tesco 平价系列和 Tesco 中端系列自有品牌之间。据 IGD 进行的抽样检查显示，平均而言，折扣自有品牌范围的价格比 Tesco 的标准自有品牌的价格低 23%，同时约为

2006   2010   2012   2018

多年来，Tesco 的价值型自有品牌的包装设计已多次升级

Tesco 凭借折扣品牌——上百种带有精美标签的自有品牌产品，但还是未能与英国的折扣零售商竞争成功

价值型自有品牌的两倍[8]。分析人员对此持怀疑的态度，认为 Tesco 这种过于复杂和混乱的自有品牌架构会混淆消费者。有人认为，Tesco 的真正挑战是如何能够在大型门店中，成功地复制折扣零售商门店内简洁明了的导航[9]。尽管在 2009 年"折扣品牌"系列最初看起来很成功，但未能阻止 Aldi 和 Lidl 在英国的市场份额的逐年上升。之后所有的折扣自有品牌就都从货架上消失。

在截至 2018 年的五年中，折扣零售商 Aldi 和 Lidl 在英国杂货市场的份额呈爆发式增长。英国四

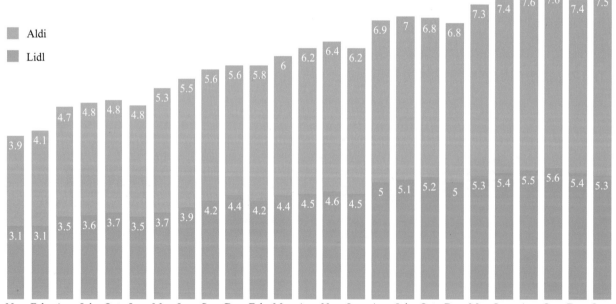

2013年11月至2018年12月期间Aldi和Lidl在英国市场份额变化情况

基于 Kantar Worldpanel 的数据[10]

大零售商（Tesco、Sainsbury's、Asda 和 Morrisons）的市场份额从 2013 年的峰值 77% 下降至 2018 年的 69%。在同一时期，折扣店的市场份额几乎翻了一番达到 13%。从 2011 年 2 月到 2016 年 6 月，仅 Aldi UK 就取得了每个月两位数的销售增长的好成绩[11]。在此期间，Aldi 和 Lidl 的合并市场份额增长了近 80%，Aldi 和 Lidl 的市场份额分别为 7.3% 和 5.4%。折扣零售商通过强调智能购物而非品牌购物，扰乱了英国杂货市场。

范围减缩和折扣品牌

起初在应对折扣零售商的时候，大型超市除了降低价格外无能为力。然而，显而易见的是，对大型商超所售卖的动辄上万个单品总数来说，采购、物流、仓储、包装、品牌和货架空间等方面的成本都是巨大的。相比之下，折扣零售商通过专注于一种自有品牌产品，节省了所涉及的成本并将其直接转嫁给顾客。例如，Aldi 的 Bramwell 番茄酱的价格比 Tesco 的自有品牌便宜 30%，但质量而言，每 100 克番茄酱中的西红柿含量更高[12]。有时，Aldi 甚至愿意将一系列产品稍低于成本价销售，不仅使竞争对手感到迷惑，而且扭曲了消费者对食品真实成本的理解。

> "Aldi 针对每一个单品单独商定价格。它们不是一个品类的采购。这将形成了最佳条件。"
>
> 吉斯·阿克斯（Jisse Arkes），荷兰 Aldi 前采购商

鉴于此，Tesco 在 2015 年启动了重启项目作为其反击计划的关键部分。目的是将 Tesco 提供的单品数减少 20% 到 30%（将其 90000 个单品减少 30000 个），并将其自有品牌在货架的陈列增加 14%，以保持较高的产品库存，并减少顾客在比较上花费的时间。Tesco 在后期也采取了旨在减少供应商数量并建立长期合作伙伴关系的政策[13]。

2016 年，Tesco 宣布要将旗下 11000 个自有品牌产品重新定价，以此用新的质量和价格的定价模

购物篮子对比

	四大零售商的购物篮价格平均值	Aldi 的购物篮价格	四大超市与 Aldi 的购物篮价格差距百分比
2017 年 8 月	£52.68	£43.50	21.1%
2018 年 8 月	£45.59	£35.80	27.3%

据《食品杂货周刊》购物篮数据显示，在对比了 2017 年 8 月 26 日和 2018 年 8 月 18 日 Tesco、Sainsbury's、Asda 和 Morrisons 四大零售商的购物篮价格平均值，以及 Aldi 的购物篮价格后发现购物篮的组成有所不同。

截至 2016 年 12 月，Tesco 的 Tesco Farm 系列产品取代了 Tesco Everyday Value 的产品

型来和折扣店竞争。Tesco 誓言要使在其价值超过 60% 的自有品牌产品线中的产品，和 Aldi 及 Lidl 的产品的价格和质量达到同等水平[14]。然而，事实证明，正如《食品杂货周刊》的调查结果，四大零售商和 Aldi、Lidl 的折扣店之间的价格差距不可能缩小。他们和折扣店的平均价格仍然有着很大的差距。

Tesco 通过推出了 7 个农场品牌来尽可能地在生鲜上替代其价格入门级的自有品牌 Everyday Value，从而在"优质产品"上实现了一步变化[15]。Tesco 决定要特别着重于吸引购物者远离 Aldi 之类的折扣店。Tesco 的发言人说："我们知道，我们的顾客希望能在一个地方集中采购到所有需要的东西，Tesco 独有的这 7 个新品牌能够以极具竞争力的价格满足顾客对优质生鲜的需求"[16]。

Tesco 农场品牌范围包括 Boswell（牛肉品牌）、Suntrail（进口水果品牌）、Rosedene（浆果、苹果

和梨品牌）、Willow（鸡肉品牌）、Nightingale（沙拉品牌）、Woodside（猪肉品牌）和 Redmere（蔬菜品牌）。这些产品于 2016 年 12 月推出，并取代了有所重合的 Tesco Everyday Value 产品，例如葡萄、柠檬和草莓等产品。这些农场产品对农场和农民的提及潜意识地与产地联系在一起[17]。

由于这些德国折扣店已经充分证明了：在质量可以接受并且价格合适的情况下，消费者愿意接受更少的选择。所以能明显地发现 Tesco 在 2018 年开始逐步淘汰 Everyday Value 这个自有品牌的产品，以及其他品类下的数千种其他产品。Tesco 总共推出了 15 个价值型自有品牌（三级品牌），它们的命名更像是当地或者是一家独立的公司。例如 Eastman's Deli Foods（冷藏产品品牌）、Hearty Food Co.（冷藏即食食品品牌）、Butcher's Choice（冷冻肉类品牌）、Bay Fishmongers、HW Nevill's Quality Bakers、

Growers Harvest（冷冻农产品品牌）、Stockwell & Co.（常温食品品牌）和 Creamfields（乳制品品牌）。

根据 Atlas 项目，Everyday Value 系列将在 2018 年底之前被完全淘汰，取而代之的是带有"Tesco 独家"印章的三级品牌。Tesco 的食品自有品牌总监穆奈·毕斯乔普表示："这些三级品牌的质量将永远对标 Aldi 和 Lidl。因此，我们将始终以相同的价格为消费者提供更好的质量的产品"[18]。

Tesco 不是唯一重新考虑入门级品牌战略的英国零售商。在同一时期，Asda 复活了他们旗下的 Farm Stores 品牌，并在该品牌下推出了一系列生鲜蔬果，以此替代先前在 Smart Price 这个入门级品牌下销售的产品[19]。Sainsbury's 在 2017 年开始在 Greengrocer's Value Selection 这个品牌下销售果蔬。此外，它宣布大幅减少所谓的商品品牌，即与消费者没有情感联系的品牌。尽管 Sainsbury's 没有诸如 Tesco 或是 Asda 一样的重启项目，但在一次贸易简报中，Sainsbury's 公司的食品贸易主管说："我们已经厌倦了不断因为折扣店而失去现有的市场份额，这一目标很明确。"[20]

"这些三级品牌的质量将永远对标 Aldi 和 Lidl。因此，我们将始终以相同的价格为消费者提供更好的质量的产品。"

穆奈·毕斯乔普（Munay Bisschop），Tesco 的品牌总监

Sainsbury's 认为，造成它所谓的"破碎的商业模式"的因素是其提供的自有品牌的复杂性：太多

Tesco 重视自有品牌（第三品牌）

种不同的产品尺寸、型号和价格。

杂货产品分为以下五类商品：到处都能以同样的价格买到的商品、目前在折扣店无法买到但仍有市场价值的权益产品、独家产品（例如在 Sainsbury's 最早推出的商品）、与 Sainsbury's 自有品牌产品共同创造的自有产品以及 Sainsbury's 的自有产品。

> "我们受够了失去折扣零售商的市场份额。"
>
> 保罗·米尔斯–希克斯（Paul Mills-Hicks），Sainsbury's 的食品商业总监

它希望看到较低的商品销售成本，尤其是折扣店也出售的商品品牌的产品。在贸易简报会上，Sainsbury's 明确表示：预计销售商品成本将降低 20%[21]。

对折扣零售商的其他反应

Jumbo（珍宝）

为了阻止消费者在 Lidl 购物，尽管两家公司采取的方式略有不同，但是荷兰零售商 Jumbo 的回应方式与 Edeka 十分类似。作为一个在相对较小的市场（1700 万人口）中的拥有 20% 的市场份额的零售商，Jumbo 没有入门级自有品牌，并认为自己的规模并不足以支撑三层自有品牌策略。因此，该公司于 2014 年推出 Allerslimste Koop（最聪明的购买）概念。通过这个推广，Jumbo 旨在以

Jumbo 陈列的与 Lidl 产品具有相同质量和价格的自有品牌产品：Allerslimste Koop

与 Lidl 相同的价格和质量为消费者提供 Jumbo 的中端自有品牌产品。为了使消费者意识到这一点，他们将活动口号，也就是 Allerslimste Koop 直接印在了外包装上。在一段时间内，该公司率先将这种策略推向那些向 Lidl 顾客流失率最高的单品上，之后还将该产品系列范围扩大到 80 多个单品。

在活动的后期，包装上的标语被撤下来了。而 Jumbo 开始从他们的自有品牌中移除第三品牌。同时，中端自有品牌的价格也逐步下降到匹配折扣零售商的价格。Jumbo 的策略就是在核心产品上，匹配 Lidl 的质量和价格[22]。

> "Lidl 现在被认为是我们中端自有品牌的基准质量。"
>
> 来自某荷兰零售商的高级采购经理

Albert Heijn

2015 年，Albert Heijn 减少了其在冷藏品类的入门级自有品牌 AH Basic 的单品数量。大多数冷藏即食食品被中端 AH 自有品牌或其他更花哨的品牌产品所替代。这背后的原因很有可能是 Albert Heijn 不希望消费者将 AH 标签的产品与低质量联系起来。在随后的几年中，越来越多的 AH Basic 产品（也包括耐贮存食品）从货架上下架了，并被一些精美的自有品牌所取代。

自 2015 年起，Albert Heijn 开始用一系列精美的自有品牌（例如 Cap Sork 烟熏鲑鱼）代替许多 AH Basic 的产品，这些精美的自有品牌就不会让消费者对该零售商产生误解

总的来说，经典的三层策略似乎已被欧洲的零售商所抛弃，取而代之的是一系列旨在更有效地与折扣零售商竞争的新举措。在大多数情况下，入门级自有品牌被重新定位（比如：Gut & Günstig），其大幅减少（比如 AH Basic）或被完全下架（比如 Tesco Everyday Value 和 Système U 的 Bien Vu）。

增值型自有品牌

增值型自有品牌一般是独特的产品，并且是特定零售商专有的。这些产品无意复制知名品牌，而是补充门店内售卖的产品[23]。

在欧洲食品零售市场上出售的大多数自有品牌产品都是中端自有品牌产品，与该国家的一线品牌所提供的产品质量相当。但是，在主流零售商的自有品牌架构中，高端自有品牌的市场份额在以最快的速度增长[24]。高端自有品牌主攻高端市场，它们在口味、原产地或成分方面的独特功能以及有吸引力的包装使零售商能够与最高质量的一线品牌竞争[25]。在欧洲，高端自有品牌细分市场的表现超过了整体市场销售额的增长。在2017 年，全球所有新推出的高端自有品牌中有一半以上来自欧洲。这突显了与世界其他地区相比，高端因素在欧洲的重要性[26]。

近年来，折扣零售商也加入高端自有品牌的游戏中来，通过在节日期间提供一系列产品进入市场来加速高端自有品牌的增长。如今，高端自有品牌带来了众多创新，如 2017 年"杂货商自有品牌食品和饮料奖"所示。在英国，在 111 种获奖产品中，有 60 种（占 54%）是高端自有品牌[27]。

在有意识的消费主义已成为主流的世界中，具有环境和社会效益的产品也可以证明更高的价格是合理的。值得注意的是，千禧一代（于 1980 年至 2000 年间出生的人）在购物时，正在以真实性、简单性、健康性、可持续性和社会责任作为新的指标，彻底重塑他们对高端产品的看法。千禧一代对新事物有着浓厚的兴趣。他们不喜欢已有的知名品牌，并避免从大型食品公司购买产品。作为响应，零售商除了对其高级自有品牌分类外，还推出了一系列消费者感兴趣的自有品牌，例如有机、本土的、不含某种成分、抑或是环保产品。这些迎合消费者兴趣的自有品牌是针对消费者对健康、环境或社会问题的关注。它们能吸引那些想要遵循特定生活方式或可能对食物不耐受的人。

虽然中端自有品牌的作用是增强该零售商和一线品牌或者是竞争对手的中端自有品牌之间的竞争，但高端自有品牌和符合消费者利益的自有品牌则是用来与竞争对手建立差异化的秘密武器[28]。这些增值型自有品牌在整个欧洲零售商的自有品牌架构中变得极为重要。我们将增值型自有品牌定义为要求购物者支付比标准产品更高价格的产品。在我们的定义中，"增值"包括高端和利于消费者某种利益的自有品牌，例如有机、当地的、不含某种成分、抑或是环保的自有品牌。

增值型自有品牌的战略优势

除了利润率明显提高以外，将增值型自有品牌与竞争对手中的自有品牌区分开来至关重要。它使零售商可以采取独特的举措来满足特定的消费者需求，从而帮助建立消费者的忠诚度。此外，在引入自有品牌之后，渠道领导权的变更可能会对零售商产生好处。

利润率提高

在过去的十年中，折扣零售商对整个欧洲的中端自有品牌的价格造成了巨大压力。最初，主流零售商感到他们只能被迫通过降低价格来缩小和折扣零售商之间的价值差距。但是，在大多数情况下，降低价格会导致利润率严重下降。为了弥补这一点，主流零售商不得不追求其他策略以减轻痛苦，而增值型自有品牌已成为其工具箱中的强大工具。

增值型自有品牌允许零售商设置更高的售价，与中端自有品牌相比，可带来更高的利润。主流零售商可以通过提高利润的增值型自有品牌潜在地破坏已建立的中端自有品牌或知名品牌，这可能会有助于零售商的品类利润率。考虑到其产品系列的规模，主流零售商可能会比折扣零售商（处于有限的品类范围内）处于更有利的位置，以推出大量能够满足消费者兴趣和生活方式的单品。如果这些零售商经营大卖场或大型超市，则情况尤其如此。

消费者忠诚度

购物者的自有品牌购买意图在很大程度上受其对产品价格和质量的感知的影响。但是，对商店形象的感知也起着至关重要的作用，这一点也不容小觑。商店形象的关键因素是零售商承担社会责任和解决可持续性问题的方式。消费者对重视环境、动物福利、区域供应或食品不耐受等领域的零售商会做出积极回应。如果适当地解决三个影响因素（价格、质量和商店形象），这将对消费者的忠诚度产生积极影响。通过提供增值型自有品牌，零售商可以证明其认真对待社会责任和可持续性问题，这对于建立消费者对该零售商的忠诚度是有效的[29]。

渠道领导权

引入自有品牌为零售商提供了重塑与知名品牌商的领导者之间从属关系的机会。该品类中的品牌之间的竞争以及它们相对的市场份额可能使零售商能够选择那些因价格领导权变化而带来最大利益的知名品牌。这意味着，如果引入自有品牌导致零售商增强其渠道实力，渠道价格领导权可能会改变，从而对零售商有利[30]。

总　结

在过去的几年中，我们看到零售商放弃了经典的三层架构策略。

在整个欧洲，零售商已经开始通过各种举措来取代传统的等级制度，以便更有效地与折扣零售商竞争。在大多数情况下，入门级自有品牌已被重新定位，大幅减少或完全消失。

有机增长和合并使零售业更加巩固。零售行业中出现了数量有限的大型公司，它们控制了各自市场的重要份额。通常他们通过开设其他业态（例如便利店、线上和折扣店）的方式而发展成为多业态零售商。

快速发展的折扣零售商迅速扩大了其市场份额，牺牲了主流零售商的利益。凭借以非常低的价格提供高质量的自有品牌产品的策略，他们迫使主流零售商进行战略调整。

为了应对折扣零售商的成功，整个欧盟的零售商提出了不同的策略。一方面，在德国，零售商开始提供与折扣零售商同等价格和质量的自有品牌。另一方面，在英国，零售商用一系列特定品类的自有品牌替换了自己的入门自有品牌。

在欧洲零售商的自有品牌架构中，增值型自有品牌已变得极为重要。这些产品可以定义为要求购物者支付比中端自有品牌产品更高价格的产品。

增值型自有品牌使零售商可以补偿其在与折扣零售商抗衡的价格策略中所造成的利润损失。而且，这些产品对于与竞争对手建立差异化，同时建立消费者的忠诚度至关重要。

构建自有品牌架构

在前两章中，我们描述了自有品牌的演变，以及最初的基本三层结构如何演变为更复杂的架构。复杂多元化的零售环境加剧了大型和专业公司之间的竞争，自有品牌成为争夺购物者和赢得购物者对商店忠诚度的重要武器。

今天，零售商与品牌竞争并以其自有品牌在创新和质量方面而获得成功。购物者只要按一下按钮就可以比较价格和质量，从而降低了知名品牌的相关性。这对不忠于品牌的千禧一代尤其适用，因为他们更加挑剔，期待更多的便利，并通过社交媒体与人连接，分享食物和饭菜的照片[1]。注重产品质量、包装设计和市场营销使得在过去的几十年里，人们对自有品牌的态度发生了变化。自有品牌，如Tesco 的 Finest, Carrefour 的 Reflets de France 和

Conad 的 Sapori & Dintorni 甚至已经成为公认的高端品牌。所有这些发展与变化使得零售商能够获取更好的利润。

允许独立的倡议

自有品牌使得零售商能够完全控制产品，并能采取独立举措，使产品有别于品牌。与通常只在一个或几个品类中提供产品的品牌制造商相反，零售商可以跨品类的去发展自有品牌，而这适用于产品本身以及其包装。消费者可以一如既往地看到产品构成：营养成分、过敏原、人工色素或调味剂的使用、氢化脂肪和产品的碳足迹（生产产品带来的碳排放）。零售商也可以决定在特定品类中增加、减少甚至去除某些成分，以应对健康问题或消费者的

关注。最近的例子是减少糖、盐和包装,使用可持续棕榈油(RSPO)或可回收包装。此外,由消费者驱动的清洁标签倡议,要求通过真实性回归真正的食物和透明度,这些诉求在很大程度上能从自有品牌产品上得到了支持和满足。

产品创新

欧洲的食品零售业是一个极其动态的环境,它能对社会的趋势和发展做出反应。因此,产品和包装的不断创新以及新产品的推出和退市构成了所有相关管理人员的日常现实活动。创新不再是品牌制造商的专属领域,零售商与他们的自有品牌供应商紧密合作以实现这一目标。零售商必须迅速作出反应,以满足购物者的期望,这对品牌有着重要的影响。规模更大、更专业的自有品牌制造商认为,他们的任务是推动市场发展,或通过自己的新产品开发或供应商提供的创新(包装和成分)撼动沉寂的品类。

可以说,零售商甚至比品牌制造商有一定的优势,因为他们可以迅速创新或模仿,并立即接触到消费者。他们可以控制分销和销售点的沟通,这样他们就更容易影响人们对其产品的看法,以促进产品的应用[2]。然而,根据尼尔森的数据,在欧洲,很少有新产品的推出是成功的。在大多数品类中,只有 10% 到 20% 的创新产品能被成功推出,其占到新产品销售额的 80% 左右[3]。此外,创新产品进入市场需要时间。只有 3% 的零售商(没有品牌

的快速消费品组织)能在 6 个月内将一个想法推向市场,而几乎一半的零售商需要两年时间。这对每个品类经理来说都是一个挑战,因为正如成功的创新可以带来品类的增量一样,不成功的创新会使品类倒退[4]。

在竞争激烈的欧洲零售市场,零售商必须非常努力地在自有品牌领域竞争,以吸引那些既注重价格,同时又要求更多质量和附加值的购物者。出于这个原因,我们可以看到对道德和环境定位的更多关注。声称与动物福利、素食、有机、健康生活方式和生态友好消费有关的自有品牌正在稳步上升。根据 Mintel 的数据,高端化已经导致了这样一个现实:在欧洲,每 10 个自有品牌的新产品发布中就有一个是高端自有品牌。2017 年,欧洲占全球所有自有品牌推出的高端产品的一半以上(57%)[5]。

差距分析和品类管理

需要定期评估每个特定品牌对整个品类销售和利润的贡献,以区分表现优异或表现不佳的产品。品类审查可能揭示出发展和推出零售商品牌的新举措的机会。

消费者对自有品牌的接受程度普遍提高,支持品类经理承担某种风险。品类审查和差距分析的结果将构成未来单品管理的基础,并确定哪些产品有可能因缺乏业绩而被减少或停产。然而,零售经理必须采取以客户为中心的方法,以提高

基于类别审查的零售商自有品牌举措

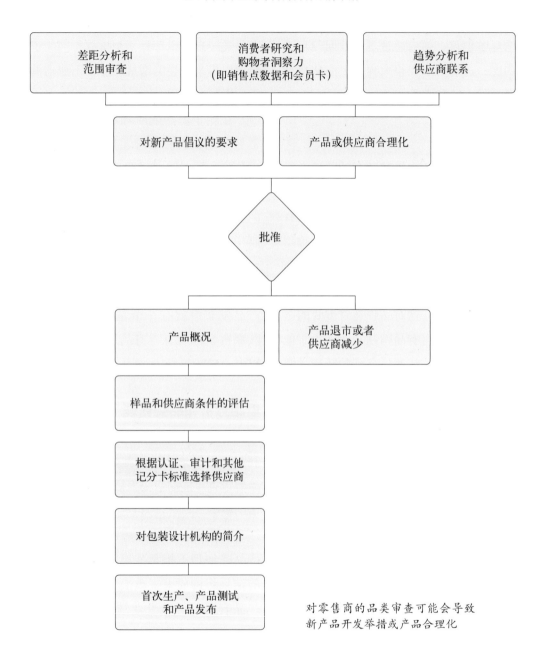

消费者的满意度，并确保货架上仍有首选品牌[6]。零售商越来越多地使用他们的商店来测试产品。他们可以很容易地做到这一点，因为他们拥有商店，能保证产品有进入市场的机会。他们还拥有详细的销售点和客户忠诚度数据以及执行项目的能力。试错策略被用来测试市场的新概念，所有与这些相关的投资是有限的，因为其不需要市场研究或个人营销。产品只是在与自有品牌供应商的合作中被创造出来，并被放在货架上。一个强大的零售商品牌和有吸引力的包装将随着产品在商店里被看到。如果该产品被消费者很好地接受，那么它将增加整个品类的价值并扩大品类销售；如果不被接受，那么该产品将像推出时一样悄然消失。这种模式与品牌制造商将新产品推向市场的漫长而昂贵的方式形成了巨大的反差。

在洗衣粉或家庭清洁等接近食品的品类中，自有品牌几乎没有提供创新。品牌制造商积极投资于产品开发，并围绕其产品的功能特性提出新的主张。例如，在洗衣粉中，这些声明可能包括：在较低的温度下洗涤、易于计量、无香水、不使用光学增白剂、生态友好，等等。产品的这些新功能需要通过营销支持的方式传达给消费者。这通常是品牌制造商的领域，因为他们有资源在个别产品的基础上这样做。零售商通常不会围绕一个或几个产品来组织他们的营销支持，而是会围绕建立品牌名称来支持一般的自有品牌销售。

另一方面，在食品品类中，创新通常集中在产品的感官特性上，积极传达新产品的特性则显得不那么重要。通过包含营销声明的包装设计，向购物者解释一个食品的典型特征是相当容易的。媒介就是信息。

利基市场营销

差异化的自有品牌战略为零售商提供了一个独特的机会，其推出多品类的子品牌的数量远远超过任何单一品牌制造商所能达到的数量。即使是世界上最大的品牌制造商也只涵盖了少数食品或非食品品类，因为他们通常围绕单一或有限数量的产品品类建立品牌资产。然而，这似乎并不适用于自有品牌。差异化的自有品牌将自己延伸到大量的产品组，这给零售商带来了巨大的战略优势，因为该公司可以围绕特定的消费者利益独立定义利基市场。通过用特定的自有品牌系列和

Carrefour 的素食者自有品牌

清晰可辨的包装来解决这些利基市场，购物者获得了更多选择。这导致了自有品牌产品的激增。通过在这些市场上提供自有品牌，可以衡量消费者的接受程度并创造需求。使用一致的包装设计，产品变得清晰可见，目标群体将更容易被确定，因为商店里提供的产品很容易识别。在下面的段落中，我们将描述消费者的产品是如何被这种自有品牌的扩散所丰富的。

购物者支付溢价

零售商意识到，理性（有形）和感性（无形）两方面都会影响购买自有品牌产品的决定[7]。在学术研究的支持下，人们普遍认为，感知质量和消费者愿意为产品支付的溢价之间存在正相关关系。此外，社会形象在其中起着重要作用[8-9]。如果一个公司有社会意识，从而关心环境、社会和员工，那么消费者愿意支付溢价的意愿就会增加[10]。品牌形象维度，如独特性（从竞争中脱颖而出的能力）、社会形象和当地出处或地区来源，似乎对消费者对自有品牌溢价的意愿有很大影响[11]。

高端自有品牌显然试图提供独特性，并在某些情况下提出区域本土化来源的主张。然而，购物者对自有品牌的忠诚度主要由能感知的质量驱动[12]。

零售商必须意识到感知的独特性、社会形象和原产地之间的紧密联系，因为差异化作为一个战略目标，经常被用来作为避免价格竞争的理由。

在 Terra Suisse 标签下，Migros 提供一系列自然和动物友好型产品，以支持瑞士农业并促进生物多样性

因此，与其专注于沟通或改变自有品牌的质量，不如利用无形的方面，如社会形象和独特的产品来提高产品竞争力。这既适用于希望与自有品牌拉开距离的品牌，也适用于希望缩小与品牌差距的自有品牌[13]。

最初，基本的好—更好—最好的三层架构，主要是围绕价格和质量而创建。多年来，零售商在管理其自有品牌方面变得更有经验。同时，消费者对零售商品牌的信任也在增加。越来越多的自有品牌产品在增值范围内被推出，以探索进一步增长的潜力。业内人士普遍认为，增值型自有品牌包括诸如"优质""有机""不含""生态友好"和"地区来源"等产品。今天，这些产品在所有三个自有品牌层级（好—更好—最好）中拥有最高的增长率[14]。与低质量的价值型自有品牌相比，高质量的自有品牌对消费者对零售商的忠诚度有更积极的影响[15-16]。此外，自有品牌的普遍接受度受到优质自有品牌的引入的积极影响[17]。

一般来说，在社会或功能风险较高的产品品类中，如酒类、个人护理和婴儿食品，消费者通常喜欢品牌而不是自有品牌[18]。优质标签可以被视为是与品牌的质量和价格水平相当。在品牌相关性较高的品类中，由于优质标签能够降低产品的社会或功能风险，因此优质标签可能比品牌更受欢迎。最后，面对有限的货架空间，零售商专注于优化其商店内的品类区分。随着对多层次结构中消费者偏好的更好理解，可以采取管理措施来增加销售和利润[19]。

顾客对价值的看法

顾客从三个方面对标准自有品牌和品牌进行了比较：对质量的看法、性价比和信任。在他们心目中，基础自有品牌通常比知名品牌更物有所值，这一观点已深入人心[20]。

沿着同样的思路，消费者极有可能认为优质自有品牌比优质品牌更物有所值。与基础自有品牌不同的是，优质自有品牌的价格并不总是低于知名品牌，而且常常以与知名品牌相同甚至更高的价格出售。

自有品牌可以从提供道德属性中获益，如环境友好性、天然或当地采购的成分、动物福利或社会问题。然而，消费者只认识到高价的自有品牌的道德属性或那些由具有高声誉的零售商提供的产品。低价的自有品牌和那些与低零售声誉相关的品牌不会从提供道德属性中受益。

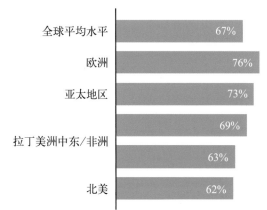

自有品牌通常具有极高的性价比

全球平均水平	67%
欧洲	76%
亚太地区	73%
拉丁美洲中东/非洲	69%
	63%
北美	62%

来源：尼尔森报告 2018

在 COOP Switserland，带有动物福利声明的肉类产品

高价位意味着标准或优质的定位，并通过与道德属性相关的好处（如更健康的产品）得到进一步加强。事实上，当道德属性（以及与之相关的可感知的额外成本）被消除后，价值型自有品牌对消费者的吸引力甚至会增加[21]。

增值品类

在所有三个自有品牌层级（好—更好—最好）中，增值型自有品牌的增长率最高。在我们的定义中，这些标签包括优质、有机、自由、生态友好和区域性自有品牌。对于"优质"，优质体现在所提供的额外功能上，如口味、品种、种类、成分质量、出处、生产技术以及最后的包装功能。对于"有机"和"自由"，虽然提供了决定性的特征，但产品的味道可能不会更好。因此，溢价更多的是关于从这些消费者那里获得溢价的能力。尽管高附加值的自有品牌的商品成本可能会更高，但零售商预计将继续扩大这些范围，以减轻价值和利润损失，并建立消费者的忠诚度。

2018 年初，IPLC 对欧洲 9 个不同国家的 25 家主流零售商（不包括折扣零售商）的增值型自有品牌产品进行了广泛研究。结果显示，9 个国家的零售商对其增值型自有品牌的定价明显均高于其标准自有品牌。优质自有品牌的平均价格指数为 193，"有机"的价格指数为 196，"自由"的价格指数为 244，"生态友好"的价格指数为 181，"地区"的价格指数为 214。

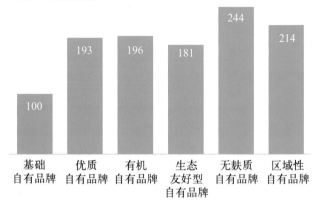

欧洲9个国家25家零售商的增值型自有品牌的平均价格指数。（相对于国家品牌=100）

基于 2018 年 IPLC 的研究数据[24]

标准自有品牌和优质自有品牌之间的差异明显高于以往研究中所论证的 50% 的价格差异[22]。这可能导致消费者认为优质自有品牌的价值更接近于国家品牌[23]。

整个欧洲的主流零售商似乎都在积极扩大他们的增值型自有品牌产品，以满足特定消费者的兴趣，从而试图建立购物者的忠诚度。另一方面，他们认为增值型自有品牌是补偿他们在标准自有品牌上所获利润减少的工具。降低标准层的价格以减少购物者流失到折扣渠道的风险的压力已经增加（另见第 2 章）。作为回应，通过增值型自有品牌来交换购物者，可以减轻利润率下降的风险。

正如下页的图表所示，除了研究中包含的增值型自有品牌品类外，还有许多主题被用来应对消费者趋势。

欧洲增值型自有品牌的平均价格指数（9 个国家的 25 家零售商）

	标准型	优质型	有机的	生态友好型	无麸质	区域性
荷 兰	100	175	203	171	295	0
英 国	100	225	194	172	246	0
比利时	100	184	163	160	297	0
德 国	100	218	187	271	171	193
葡萄牙	100	159	216	138	248	165
西班牙	100	218	206	220	189	240
法 国	100	201	177	134	356	219
意大利	100	166	220	0	202	252
爱尔兰	100	188	196	0	186	0
平均值	100	193	196	181	244	214

标准和高级自有品牌之间的价格差异通常很大。就热那亚
香蒜酱而言，AH 优秀产品每 100 克比 AH 香荠酱贵 60%

优质自有品牌

　　优质自有品牌与标准自有品牌在各方面都有所不同，这可能会影响消费者对这些品牌的看法。这可能只是一个暗示高级的名称，如 Tesco 的 Finest、COOP Switzerland 的 Fine Food、Eroski 的 SeleQtia 或 Spar Austria 的 Premium。一个方面是通过对外在线索的投资来讲述故事，如营销声明和带有高质量照片的有吸引力的包装。另一个方面是通过店内销售和广告支持，向消费者表明产品的质量。最后是价格，这是质量的有力传播者，其价格可能与国家品牌相当或更贵。优质自有品牌不仅与全国性品牌竞争，而且还与餐馆和熟食店竞争。

按零售商划分的完整自有品牌架构概述[24]

	所属国家	基础	标准	优质	区域	国家	有机	有机个护	无麸质	生态友好	公平贸易	健康	季节	儿童	婴儿	家庭	个人护理	便携
Carrefour	法国	•	•	•	•		•		•	•			•	•	•	•	•	•
Leclerc	法国	•	•	•	•	•		•					•			•		
Casino	法国	•	•	•	•	•	•	•	•	•	•		•	•			•	•
Tesco	英国	•	•	•	•		•	•	•	•	•	•	•	•	•	•	•	
Sainsbury's	英国	•	•	•		•			•		•	•	•	•		•		
Asda	英国	•	•	•	•	•	•	•	•	•	•	•	•	•	•	•	•	•
Jumbo	荷兰		•	•			•			•			•	•				
Albert Heijn	荷兰	•	•	•									•					•
Rewe	德国	•	•	•	•				•				•			•		
Edeka	德国	•	•	•		•			•				•			•	•	
Kaufland	德国		•	•					•		•		•			•		
Delhaize	比利时	•	•	•			•		•	•			•	•	•			
Colruyt	比利时	•	•						•									
Carrefour	法国	•	•	•										•	•		•	•
Continente	葡萄牙	•	•	•												•		
Pingo Doce	葡萄牙		•		•				•			•					•	
Intermarché	葡萄牙	•	•	•												•	•	
Carrefour	西班牙	•	•	•					•	•						•		
Dia	西班牙		•	•							•			•	•		•	
Eroski	西班牙	•	•	•							•							
Esselunga	意大利	•	•	•		•			•									
Carrefour	意大利	•	•	•	•											•		
Conad	意大利		•		•				•	•	•	•				•		
Coop	意大利		•	•							•					•		
Tesco	爱尔兰	•	•	•								•	•		•	•	•	
Dunnes Stores	爱尔兰	•	•	•			•		•				•			•		

基于 2018 年 IPLC 的研究数据

有营销诉求的优质自有品牌（讲故事）

一些零售商甚至与名人厨师如赫斯顿·布鲁门塔尔（Heston Blumenthal）一起为优质自有品牌系列代言（Waitrose）

虽然优质自有品牌能产生更好的收入，但它们也可能需要更高的生产和营销成本。例如，由于生产量相对较小，生产成本可能大大增加。由于摄影质量、更昂贵的印刷和更高质量的材料，包装可能更加昂贵。优质自有品牌也可能需要更多营销支持。一些零售商甚至与名厨一起为优质自有品牌系列代言，如赫斯顿·布鲁门塔尔（Heston Blumenthal）为 Waitrose 代言或阿拉贝尔·梅尔伦（Arabelle Meirlaen）为 Delhaize 代言。

在法国这个米其林星级厨师的国家的高端美食系列上可以看到厨师的签名。Carrefour 产品上的阿兰·桑德伦斯（Alain Sanderens）、Système-U 产品上的安托万·维斯特曼（Antoine Westermann）和 Casino 产品上的米歇尔·特罗伊格罗斯（Michel Troisgros）多年来一直为高端自有品牌代言。然而，由于这些厨师收取的费用太高，许多零售商已经减少了与他们的合作。我们预计，高端自有品牌的进一步增长将要求供应商具有公认的工艺或厨师，并只在复活节和圣诞节等特定场合支持。

在大多数情况下，标准自有品牌的目的是复制市场上已有的知名品牌。然而，优质自有品牌寻求提供独特的产品（质量、价格和包装），这是零售商和市场的新品种。这有助于零售商在竞争中脱颖而出，从而提高购物者的忠诚度，这是每个零售商的战略目标。在自有品牌架构中增加增值型自有品牌的理由也被描述为"逃避商品化"，以克服每个零售商所提供的标准自有品牌的等同性[25]。

一些优质的自有品牌产品有吸引人的包装。该产品可能被故意放在家庭中，作为某种生活方式选择的标志，或者作为礼物赠送

特定的生活方式选择的标志，或者甚至可以作为优质的象征。这样，商店旗帜品牌的优质自有品牌可以作为一个无声的推销员，在家庭使用的跨度中继续推广商店，从而潜在地进一步增加零售商的销售。

超市试图通过推动高价值和高利润的自有品牌销售来减少利润损失。现在，在圣诞节和复活节等季节性交易时间，扩大增值型自有品牌产品是很常见的。成功的高附加值自有品牌甚至有可能被非竞争性零售商在出口市场上销售。作为一个例子，我们可以提到在芬兰 SOK 商店销售的 Tesco Finest 和 Tesco Free From 产品，或者法国零售商 Picard 在 Albert Heijn 的冷冻熟食选择。

即使是 Aldi 和 Lidi 现在也全年都以优质系列为特色，尽管季节性交易时间短，但是他们依然会

自有品牌的引入创造了一个更复杂的组合。这意味着零售商有可能因为将注意力转移到管理品牌组合而不是建立商店流量而失去重点[26]。最后，零售商在大多数情况下使用商店的旗帜来为他们的自有品牌品种做宣传。除了帮助购物者在购物过程中作出决定外，只要产品在国内家庭中使用，增值型自有品牌就会加强品牌意识。毕竟，从包装橱柜或桌子上保持可见能共同促进商店的发展。

由于优质自有品牌通常有很吸引人的包装，因而该产品可以在家庭中保持品牌的地位，作为一种

英国 Aldi 自有品牌

大大扩展他们的产品。在英国，Aldi 公司表示，他们的特选品牌在 2018 年将价值 10 亿英镑，占销售额的 10%，因此与市场平均 6.6% 的比例相比，交易量过大。

我们的分析表明，折扣零售商可能对优质自有品牌的平均定价产生了影响，在过去 3 年中，每件产品的价格下降了 0.102 英镑。

有机自有品牌

1992 年，Tesco 在其 Tesco Organic 品牌下推出了可能让第一个消费者感兴趣的自有品牌。尽管 Tesco 和英国的许多其他零售商一样，从 80 年代起就开始销售有机产品，但这些产品在商店里是分散的。有了这个独立的子品牌，一个连贯的产品系列就建立起来了。它有独特的、可识别的包装，有明确的标志和声明。Tesco 有机是第一个使用"有机"并将其作为独立主题的自有品牌，它的成功举措后来被欧洲的许多其他零售商效仿。现在，随着有机食品成为越来越多的人的生活方式选择，整个欧洲的主要零售商都以其自有品牌来提供价格低廉的有机产品。

多年来，专业零售商一直有机会在有机利基市场上不受威胁地经营。但时代变了，有机趋势已也成为主流。在德国，有机自有品牌使零售商和折扣商都能赢回从如 Tante Emma 这样的有机零售小店流失的顾客。然而，不仅是零售商和折扣商日益成为这一领域的专家，德国药店经营者如 dm 和 Rossmann 也建立了自己的平价有机自有品牌系列。

法国零售商 Casino 的有机自有品牌

例如，dm 将德国品牌 Alnatura 退市，用自己的 dm Bio 系列取代。

西班牙和葡萄牙，只有有限的有机自有品牌 SKU（最小存货单位，以下简称 SKU）被列出，而在爱尔兰，消费者对有机的看法是，食物是干净的，可持续的，没有密集饲养或加工。因此，消费者不会立即看到有机产品的好处，这也解释了为什么很少有产品被贴上有机标签。

2017 年，根据 IRI 数据显示：2017 年法国有机产品的市场增长了 20.9%（估计为 36 亿欧元）。虽然份额仍然很低，仅占整个消费品市场的 3.4%，但自有品牌在该品类的发展中发挥了重要作用，占据了总价值的 44%。Canefour Bio 品牌是在大约 20 年前推出的，有机产品领域的零售商领导者。凭借有机自有品牌的 900 个 SKU 和不少于 8000 个国家品牌的广泛范围，Canefour 在法国的营业额中，有 4% 是在有机领域产生的（2017 年）。该公司的目标是到 2022 年将这一份额提高到 6%（50 亿欧元），设想到 2021 年将商店的数量扩大到 150 家。目前，该零售商在法国的整个有机食品市场上占有 20% 的市场份额。

无麸质 / 乳糖的自有品牌

虽然这几年无麸质、无乳糖被认为只是一种趋势，与此同时，它已经成为零售商越来越重要的一个品类，特别是当涉及自有品牌时。不含麸质、无乳糖、无坚果、无糖、无转基因、素食和素食产品系列。零售商已经在即食食品、冰激凌、面包、啤酒等品类中开发了复杂的不含任何添加剂的产品。

消费者对食物过敏和健康意识的关注，导致自由食品货架成为超市的一个重要组成部分。这个品类已经超越了为乳糜泻患者（麸质不耐受的人）提供食品的范围。仅是这样，现在也吸引了将无麸质产品视为更健康的选择和积极生活方式的消费者。为了证明市场的重要性，2017 年，英国的自由市场价值近 17 亿欧元（来源：Kantar Worldpanel），销量猛增了 26%[27]。

虽然那些受过敏原影响的人仍然是免检食品的重点，但到目前为止，生活方式的选择正在推动免检新产品的发展，特别是当涉及无麸质和无乳制品部门时。根据 Mintel 的数据，英国近一半的成年人选择不食用某些食物或成分。其中，有 39% 的消费者经常购买不含酒精的食品和饮料是为了过上更健康的生活方式，而不是因为过敏或不耐受。即使他们没有不耐受症，也会自然而然地倾向于远离吃太多的麸质、盐和糖。在德国，不含乳糖的部分占不含乳糖 SKU 总数的 57%（41 种不含乳糖，31 种不含麸质），这在很大程度上被认为是一种生活方式的选择。

"新产品开发是促进无麸质食品市场销售和客户忠诚度的一个非常重要的驱动力。它既要复制主流产品，又要提供令人兴奋的新口味和新配方。"

大卫·伍德（David Wood），Northumbrian Fine Foods 无麸质中心业务改进总监[28]

早在 2003 年，Tesco 就成为欧洲第一家推出自有品牌食品系列的零售商。之后，英国的其他零售商也很快跟进。目前 Tesco 在这个领域拥有最广泛的 SKU。此外，意大利和葡萄牙的零售商也在其自有品牌下提供了相对广泛的自由产品。可以说，零售商在通过利用自有品牌的创新来掌控自由食品的趋势方面处于最有利的地位。

在法国，不含乳糖的部分预计会增长，但很可能会被不含乳糖的替代品（素食）所取代。从最近在 Hey Coco 品牌下推出的一系列不含乳糖和素食的甜点，被整合在 Casino 的素食系列中，就可以找到这样的例子。

糖类排毒

2016 年，法国零售商 Intermarché 发起了一项名为 Sucre Detox（排毒降糖）的活动，旨在减少糖的消费。肥胖也许是消费太多糖分的结果，与患糖尿病的风险有关。一款六盒装的巧克力甜点，品牌为"糖类排毒"，包含相同的配方，每个容器的含糖量从 5% 下降到 50%。当消费者吃到第六个的时候，它的含糖量减少了 50%。这使消费者能够在吃同样数量的食物的同时逐渐适应口味。

瑞典 ICA 无乳糖系列

零售商最好的方法是通过自有品牌的创新来利用"自由"的趋势。然而，在接受采访时，零售商认为这不应该是一个高价品类，但制造商强调围绕生产和验证"无麸质产品"的额外成本会增加[29]。

不仅生活家们认为消除麸质和乳制品有利于总体健康，公众对食物过敏、不耐受和敏感的认识也在提高。被诊断出患有乳糜泻的儿童人数增加，往往导致整个家庭转向无麸质的生活方式。

生态友好型自有品牌

"生态友好"作为自有品牌的一个主题，现在和将来的发展范围都相对较小，因为只有非食品类产品才有资格进入这一领域。这个品类主要包括家庭清洁和个人护理产品。然而，让"生态友好"在其商店的品牌下显现出来，既有助于零售商展示其环保证书，又为商店形象的感知的建立起到了一个重要的作用。由于购物者的忠诚度提高，预计更多的零售商将在生态友好型自有品牌领域采取举措。在丹麦、瑞典、挪威和芬兰等北欧国家，"生态友好"作为自有品牌的一个消费者利益主题已经成熟，并成为主流。大多数生态标签的产品都带有北欧天鹅标签，这是一个由政府控制的环境标签。除此之外，在北欧的超市中还可以看到各种特定的零售商自有品牌，如 COOP 的 Änglamark，ICA 的 SKONA，Axfood 的 Såklart 或 Dagrofa 的 Grön Balance 等自有品牌。

荷兰 Jumbo 公司的生态友好型清洁产品生产线

看来，北欧国家的零售商远远领先于欧洲其他国家，并激励着欧盟其他市场的零售商。在荷兰、比利时和法国，食品零售商提供了相对大量的生态友好产品。在德国，生态标签产品主要由药店提供，尽管 Edeka 和 Rewe 现在也在加入这个游戏。可持续食品，如有机和公平贸易产品以及 MSC 认证鱼类，已经在自有品牌下提供。将产品扩大到可持续的家庭和个人护理产品，似乎是回应购物者兴趣的一个自然的下一步。

区域性自有品牌

法国和意大利都有丰富的传统美食，这两个国家的零售商已经采取了措施，通过推出区域性的自有品牌来解决可持续发展和真实性的问题，以培养

北欧的生态友好型自有品牌

北欧天鹅生态标签由北欧部长理事会于 1989 年设立，是丹麦、芬兰、冰岛、挪威和瑞典等北欧国家的自愿生态标签计划。Änglamark 是一个可持续产品的品牌，代表着环保、防过敏和有机。Änglamark 品牌下的产品由 Coop Trading 公司进行采购和设计。

消费者真实而精致的口味。

区域性自有品牌在大多数情况下相当于其他国家的零售商所提供的优质自有品牌。它们根据真实的配方或生产方法进行生产，并在原产地进行生产，尊重原始配方，同时使用该地区或国家的原料。而有些产品在过去被停产，因为如果没有原材料（如蜂蜜）或数量不足，它们就缺乏合法性。

1997 年，法国的 Promodès 公司是第一个用特定的自有品牌解决可持续性问题的零售商。受慢食运动的启发，Promodès 在其 Reflets de France 自有品牌下推出了一系列地区产品。通过这一举措，宝洁公司的目标旨在防止传统的法国本地产品消失，或重新引入已经消失或被遗忘的产品。

1999 年，Carrefour 接管了 Promodès 公司，继续开展这项工作。此后的几年里，这一举措被法国和其他国家的许多其他零售商所效仿。通过零售商

拥有的品牌，如 Leclerc 的 Nos Régions ont du Talent、Casino 的 Ça Vient d'ici、Intermarché 的 Itineraire Des Saveurs 和 Lidl 的 Saveurs de nos Régions，消费者有机会发现或重新发现区域性的真实产品。同时，不仅每个产品都是独一无二的，而且支持零售商提高购物者的忠诚度。

区域性产品在自有品牌下出现的另一个原因是围绕零售商的权力地位而公开辩论。由于以自己的品牌提供产品的小制造商过于依赖零售商，从而使这种关系变成了单方面的。然而，通过结合双方的知识和经验，出现了一种证明对双方都有吸引力的情况，并形成了一个战略联盟。通过这种方式，连锁店可以证明他们确实把小型生产公司的利益放在首位。

在意大利，第一批区域性零售商品牌是在 21 世纪初产生，在高端市场推出区域性自有品牌，如 Conad 的 Sapori & Dintorni、Unes 的 Il Viaggiator Goloso 和 Carrefour 的 Terre d'Italia。后来，这些品牌虽然被 COOP 的 Fior Fiore 和 Esselunga 的 Top 所取代，但这些仍然是高端市场上领先的自有品牌。在意大利，区域原产地被认为是产品的附加价值属性，因此区域和高级自有品牌部分重叠。

在 Conad，区域性自有品牌与公司的合作结构的完美匹配，使商店遍布全国，商店老板与各地区的当地供应商有着良好的联系。这使得他们在采购过程中处于有利地位并具有可信度。Carrefour 推出的 Terre d'Italia 可能是一个战略举措，其通过在当地采购并将产品打造成意大利品牌，尽管有外国商店的品牌存在，但该公司认为在说服购物者方面自己更有优势。

在希腊，零售商 Vassilopoulos 用"接近希腊土地"的品牌作为区域性自有品牌，而在罗马尼亚，Mega Image 则推出了 Gusturi Româneşti。区域性自有品牌是作为其自身的品牌并基于市场和内部数据而建立的。

区域性自有品牌是作为其自身的品牌并基于市场和内部数据分析而建立的，启动了新产品开发项目来创造真正独特的产品和包装。UNES 的区域性自有品牌 Il Viaggiator Goloso 得到了线上的大力支持。此外，Conad 的区域性品牌 Sapori & Dintorni 在一些意大利城市的主要火车站和旅游区等人流密

意大利零售业的区域性自有品牌 Unes IL Viaggiator Goloso

零售商	所属国家	区域性自有品牌	高端自有品牌
Carrefour	法 国	Reflets de France	Carrefour Selection
LecIerc	法 国	Nos Régions ont du Talent	L'Origine du Goût
Intermarché	法 国	Itineraire Des Saveurs	Les Créations
Lidl	法 国	Saveurs de Nos Régions	Deluxe
Système-U	法 国	U-Saveurs	
Auchan	法 国	Mmm!	
Monoprix	法 国	Monoprix Gourmet	
COOP	意大利	Fior Fiore	
Conad	意大利	Sapor & Dintomi	
Esselunga	意大利	Esselunga Top	
Carrefour	意大利	Terre d'Italia	Carrefour Selection

高端和区域性自有品牌合并或作为自有品牌存在的情况

> "架构中的增值型自有品牌的目标是
> 提供品类中价格弹性较小的产品,
> 产生利润率,并赋予商店品牌的标
> 志性和独特性。"

来自一位市场销售总监,基于 2018 年 IPLC 研究

集的地方有几十家自己的超市和冰激凌店。

　　在某些情况下,区域性自有品牌抢占了高端自有品牌的位置,如意大利 COOP 的 Fior Fiore 或 Système-U 的 U-Saveurs。在其他情况下,这两者在架构中并存。

　　由于当地制造商可以从欧盟获得原产地保护

意大利零售商 Conad 在意大利的第一个区域性自有品牌

（PDO）或地理标志保护（PG）证书，因而他们能够更有效地与大品牌制造商竞争。在意大利，地区性的自有品牌通常指 PDO 或 PGI 产品。这并不奇怪，因为意大利拥有欧洲最多的 PDO 和 PGI 产品：不少于 295 个，占欧洲总数的 22%。

此外，在其他国家如德国，零售商考虑到他们的可持续性和社会责任目标，已经推出了他们的区域性自有品牌。在德国，绝大多数消费者（72%）希望零售商致力于对社会和环境负责的生产，并提供更多的国内和区域性自有品牌产品。同时，自有品牌的区域性和可持续性不应导致其价格上涨。只有 47% 的消费者愿意为社会和环境责任生产的自有品牌产品支付更多费用[30]。

季节性的自有品牌

季节性的市场机会一直是零售商的灵感来源。值得注意的是，圣诞节和复活节是购物者愿意花更多钱购买昂贵和奢侈的食品的时候。通过专门为节日设计的包装，整个欧洲的许多零售商暂时会上架自有品牌系列的产品。这些产品大多数是独特和优质的熟食产品，其应该能在圣诞晚餐或复活节早午餐时激发购物者的灵感。熟悉和吸引人的氛围吸引了新顾客，尽管他们可能不经常在这家商店购物。他们的想法是，除了购买奢侈品之外，他们还会在商店里购买更多的产品，而这个时候他们愿意花更多的钱。通过这种方式，利基市场营销方法也对建立顾客忠诚度和提高商店的整体销售和利润产生了影响。

圣诞节期间 Casino 的季节性自有品牌

圣诞节和复活节也是测试新产品进入市场的绝佳时机。传统上，这些季节既保证了超市的高销量，也很适合尝试新产品概念。其中一些节日专用品牌可能会大获成功，以至于零售商决定永久地将它们纳入自己的产品分类中，通常是在他们的高档品牌下。除了大多数主流零售商，折扣零售商如 Lidl 和 Aldi 在节日期间也有一系列优质的自有品牌产品。

投资品牌

投资品牌实际上是一种自有品牌，但其并不总是被购物者认为是自有品牌。它们作为独家品牌出现——虽然它们没有在包装的前面携带零售商的名字。它们通常应用于对价格敏感的消费者，其中情绪对购买决定有影响，如咖啡、啤酒或个人护理。在消费者的认知中，投资品牌与零售商没有关系。创业品牌是独立的，零售商的品牌形象不一定会影响创业品牌的品牌形象。这可以被视为是一种多样化的、保险的形式。如果零售商的品牌形象受损，投资品牌形象不应受到影响。

投资品牌可以成为一个为消费者尝试新产品的机会。零售商将有能力做出调整以应对不断变化的顾客偏好。迅速实施这些变化的能力可以为投资品牌的商品和零售商带来更大的市场份额。

Albert Heijn 的投资品牌

荷兰零售商 Albert Heijn 拥有四个真正的投资品牌：Perla 系列咖啡、Delicata 系列咖啡巧克力、啤酒包装、个人护理和维生素护理。

此外，2018 年初，Albert Heijn 在其门店推出了大约 70 种 Picard 产品，对这些产品荷兰消费者并不熟悉。Picard 是法国一家冷冻食品专业零售商，其门店中提供的大多是优质自有品牌产品。这家零售商只提供冷冻产品，没有知名品牌。Albert Heijn 并不拥有该品牌也没有有发言权的食谱或包装的产品。尽管如此，我们将 Picard 系列列为投资品牌，因为它是由 Albert Heijn 在荷兰市场独家分销的。皮卡德的产品在商店和 Albert Heijn 的网站上都可以看到，Picard 是一个制造商，而不是零售商。

Casino 的 Guichard Perrachon

2016 年，Casino 在 Guichard Perrachon 品牌下推出了一系列熟食店。这个名字是为了向于 1898 年创建 Casino 的杰弗里·吉夏尔（Geoffroy Guichard）

在 Guichard Perrachon 品牌下 Casino 提供一系列熟食

[安托尼亚·佩拉洪（Antonia Perrachon）的丈夫]致敬。该品牌并不直接指 Casino，但事实上是由该零售商拥有的。大多数 Guichard Perrachon 产品的价格明显高于 Casino 的优质自有品牌 Délice[31]。

Carrefour 的 Cosmétiques Design Paris

Carrefour 在个人护理领域提供了 8 个不同的投资品牌：头发护理品牌 Kera，化妆品牌 Pro's，个人护理品牌 Nectar of Beauty，有机个人护理品牌 Nectar of Nature，高级男性个人护理品牌 Exclusive，男性个人护理品牌 Men Activ，女性护肤品牌 Science，女性护肤品牌和防晒品牌 Sun Ultimate。这些投资品牌的 400 多种产品，都被归入 "Cosmétiques Design Paris" 巴黎化妆品设计公司这个总品牌。

特制啤酒在日本的销售量比在英国要高

在 Wassila 品牌下 Casino 提供一系列的清真产品

Asda 的传统精酿啤酒

Asda 提供一系列当地酿造的啤酒。随着包装不再直接指向商店，其自有品牌产品已成为投资品牌，允许这些产品在 Asda 商店外销售，其中一个例子是 Extra Special Golden Ale，一种由 Shepherd Neame（英国的酿造商）酿造的啤酒。这款产品在日本连锁店 Seiyu 的消费者中大受欢迎。Seiyu 连锁店和 Asda 一样，都是沃尔玛旗下的零售商，其销售的日本特制啤酒的价格比他们在英国。Asda 原来在日本和中国允许由沃尔玛出售的 50 种产品生产商进入市场的机会正在市场浮现和供应给英国[32]。

Casino 的 Wassila

法国零售商 Casino 有一个品牌名称为 Wassila 的清真产品，以回应其购物者的多样性和他们的生活方式。该品种共有 48 个单品，其中绝大多数是肉类（35 个单品）。

出口自有品牌

一个零售商的自有品牌产品也可以由外国市场的非竞争零售商销售。尽管在包装上没有体现销售超市的商店旗帜品牌，但是在其他国家独家销售的独特产品可以采用自有品牌的形式，目前有很多这样的例子。

零售商从国外进口非竞争性零售商的自有品牌的原因可能各不相同。通过这样做，它可以在有吸引力的条件下生产现成的品种。更重要的是，单品种的产品甚至整个系列均可以在细分市场或利基市场推出。在单独的情况下，虽然制造商可以提供产品的数量不足，但是这可以降低实验的风险。

零售商向非竞争市场的其他零售商出口自有品牌的几个例子

品牌拥有者	国家	自有品牌系列	提供者	出口国家
Tesco	英 国	Finest Free-From	SOK	芬兰
Picard	法 国	Picard	Albert Heijn ICA	荷兰 瑞典
Waitrose	英 国	Heston	Coles	澳洲
COOP	瑞 士	Fior Fiore	Ahold Delhaize	美国
Edeka	德 国	Booster energy drink	Eroski	西班牙
Waitrose	英 国	Duchy Organic Essential	Franprix	法国
COOP	意大利	Creazionid'Italia	Intermarché Colruyt COOP	法国 比利时 瑞士

总　结

多年来，自有品牌的不断升级为消费者提供着物美价廉的产品。今天零售商的重点是产品质量、包装设计和营销。

零售商不断响应社会的趋势和发展，导致了增值型自有品牌的扩大提供。针对特定的利基市场，增值型自有品牌是符合消费者利益的产品，如健康饮食、环保、真实性和可持续性。这些标签包括优质，有机，无麸质／乳糖，生态友好型和区域性产品。

差异化的自有品牌战略为零售商提供了独一无二的机会，零售商可以推出数量远远超过任何单一品牌制造商所能做到的多品类子品牌。

给购物者更多的选择导致了自有品牌商品的激增。人们愿意为一个增值型自有品牌产品支付高价，可能是受其独特性、社会形象或地区来源等因素的驱动。向自有品牌架构添加增值型自有品牌，不仅使零售商能够提高顾客的忠诚度，还能弥补标准自有品牌利润的缩减。

04 自有品牌的设计包装

在零售商与顾客的所有交流中，自有品牌的包装是最引人注目的。然而，当前图像过时得很快，挑战在于如何保持住消费者的兴趣。与以往相比，自有品牌是最能让零售商实现品牌差异化的一个因素，而设计则使零售商的形象对消费者来说是清晰可见的，看得见摸得着。那么，现代设计如何确保商店的配方始终与顾客息息相关呢？

包装设计史

自有品牌包装设计的重要性是一个发展的结果，可以追溯到 19 世纪晚期。Mom and Pop grocery（夫妻杂货店）是当时的标准，包装是纯功能性的。通常使用一个简单的牛皮纸袋，保护产品，延长货架寿命，方便储存和运输。食品制造业的工业化，以及消费者对稳定和有保证的产品质量的需求，催生了自有品牌的出现。产品的包装上有品牌名称，以便与其他产品区分开来。

这种发展以及 20 世纪 20 年代首次在美国开业的自助式商店的出现，赋予了包装一个全新的功能。从货架上看，自有品牌必须通过包装吸引购物者的注意力，诱使他们购买。设计师的目标是在包装中建立"停止的力量"，以提高在商店中的认可度。这就是有时被称为"沉默的推销员"的包装的诞生。

从那时起，平面包装设计发展成为一门专业，专业的包装设计师通过文字和图像让无声的推销员发出声音。这不仅适用于知名品牌，也包括自有品牌。到了 20 世纪 50 年代，越来越多的零售商发现了使用商店旗帜作为品牌名称的价值。这导致了商店旗帜成为一个品牌的精心定位，并在沟通中起到了关键作用。

对于一些零售商来说，自有品牌的快速发展为其零售品牌的发展做出了巨大的贡献。毕竟，自有品牌允许零售商给他们的品牌一个坚实的基础。此外，媒体的碎片化使得接触目标群体变得越来越困难。有了适当使用的自有品牌，无论是在商店里还是在家里的橱柜和厨房桌子上，都可以经常接触到消费者。作为零售品牌形象的有形代表，自有品牌扮演着沉默的零售推销员，用文字和图像讲述零售商的故事。

自有品牌包装的演变

在第 1 章中，我们描述了在 20 世纪 70 年代，自有品牌是如何在不同的欧洲国家出现的。纯白、无装饰的包装、没有任何产品名称的消费品被引入商店。产品的包装和实物质量都是为了使价格尽可能低。

在零售方面，他们在包装领域几乎没有任何知识或经验，而且实物产品的质量往往与品牌等同类产品不一样。因此，在消费者的印象中，自有品牌的质量较差。这一判断通过外观简单和廉价的包装得到了强调。多年来，自有品牌的不良形象阻碍了自有品牌的积极发展。

根据收集到的经验，零售商认识到与知名品牌直接竞争的潜力，以产生更好的利润和建立顾客忠诚度。随着包装设计更加注重传达可识别的品牌联想，零售商开始致力于提高购物者对自有品牌的质量感知。为了明确自有品牌的报价，并以透明的方式与消费者沟通，大多数主流零售商都对自有品牌采用了"好—更好—最好"的架构。这种三层的自有品牌架构必须区分各种价格质量等级，并向购物者发出明确的信息。例如，标准（"更好"层级）自有品牌的包装设计可以传达"与领先品牌同等质量，价格明显更低"的信息。而增值型（"好"层级）自有品牌则可以传达"这个品类中最便宜的报价"。

分层架构的价值

一个发展完善的自有品牌架构将支持零售商平衡消费者对价格和质量的看法。增加一个顶级产品（例如 Sainsbury's Taste）拓宽了价格和质量范围，并为零售商提供了将产品置于更高的自有品牌层次的选择。通过这种方式，它可以向消费者解释一种产品更昂贵，因此被定位在高端市场。如果自

COOP 瑞士自有品牌三层架构（好—更好—最好）

进化阶段

1 第一阶段：白色标签，
质量和价格都很低。
仅有基本功能产品。（1970 年代）

2 山寨阶段：知名品牌的廉价仿
制品，质量中等。
环境食品和清洁品类中的不易
腐烂产品。（1990 年代）

3 自有品牌作为一个概括性品牌，
质量优良，开辟尽可能多的品
类。（2000 年代）

4 第四阶段：通过细分客户群，
向消费者提供好、更好和最好
层级的产品。

5 第五阶段：混合自有品牌架构。
分层零售商品牌架构与风险品
牌相结合。（2017 年起）

有品牌架构缺乏这样的层次，它可能会导致消费者感知的价格质量比失衡。如果消费者在结账时感到意外，他们可能会觉得所有中端自有品牌产品都太贵了。或者，他们可能会对国内的低质量产品感到失望。

包装网格

为了使自有品牌架构中的每一层都有一个独特的外观，包装设计师使用了一个网格。这个网格包含组成包装设计的固定元素，并且应该导致对整个品类和商店中的自有品牌的认可。关于网格的固定组成部分，如标识、字体、颜色组合和文字—图像比例的约定，都被规定在所谓的设计手册中。通常，自有品牌单品的数量与网格中必须铺设的固定组件的数量之间是有联系的。出发点可以是：单品越少，网格元素就越突出。另一方面：如果自有品牌有更多的单品，则可以使用更松散的网格。

为了平衡非常松散的网格，设计师特别为Tesco 价值型自有品牌系列（见第 2 章），在更高级别的包装设计并采用了更紧密的网格，以创造明显的视觉差异。

如果在自有品牌体系结构中，基础产品和中端产品之间没有本质上的区别（即产品是同质的），就很容易引起消费者的混淆。

在全球化和视觉驱动社会的影响下，零售商寻求与客户保持联系。这一主题将在下一段中讨论。在目前的零售格局中，已经成熟的三层自有

Stockwell 公司的包装设计（基础系列）可能会使购物者感到困惑。它传达了一种错误的信息，基础产品可能会被认为比中端产品更有吸引力，但价格传达的却是完全不同的信息。Stockwell 的茶（每 100 克 0.29 英镑）比 Tesco 的茶（每 100 克 0.44 英镑）便宜 34%

品牌架构似乎正在逐渐演变成一种更加混合的自有品牌结构。

好设计的重要性

自有品牌的包装设计是影响其货架性能的重要因素，对零售商具有重要意义。该设计不仅使零售商的身份在商店的货架上可见，而且重要的是，在国内零售商在他们的自有品牌上使用清晰和一致的设计。事实上，自有品牌包装设计可以成为零售商将自己作为一个品牌呈现出来的所有表现形式的统一因素。

在自有品牌包装设计方面，全球市场存在巨大差异。西欧可能是全球最成熟的市场，在高端自有品牌架构和创新方面处于领先地位。相比之下，美国在这方面略显落后，可能是因为食品杂货行业地域分散。在美国市场，自有品牌并不总是指商店的

旗帜品牌，即使是，也往往缺乏一个统一品牌下的连贯结构。

在全球其他地区，建立对自有品牌的信心仍然很困难，因为购物者对品牌产品有强烈的长期偏好。在新兴市场的许多消费者心目中，国家和全球品牌的质量更高。出于这个原因，这些市场上的大多数自有品牌设计倾向于复制品牌，试图通过在购物者心中灌输更多的信任来扩大市场份额[1]。

在中国、南非等新兴市场，印度尼西亚和印度的自有品牌仍处于起步阶段。这意味着这些国家的消费者并不十分熟悉自有品牌现象，对这些产品知之甚少，更不用说偏好了。

多年来，许多发展中国家的迅速城市化已导致城市人口过度集中在非常大的城市。这就需要更有效地分配食品，并促进这些地区现代零售业的发展和增长。这也导致了对自有品牌的更多关注。尤其是在中国和印度，自有品牌在零售市场中扮演着越来越重要的角色。

作为自有品牌发展的下一步，这些国家似乎承认进一步的专业化是品牌进一步发展的先决条件，而关注专业营销和包装设计则是不断向前发展的必要条件。如果一个自有品牌想要与品牌产品竞争，它就应该扮演品牌的角色。这些国家的零售商越来越多地将包装设计视为一种投资，而不是成本，并雇佣经验丰富的品牌专家，策略性地建立自己的品牌。应该考虑到，自有品牌在建立购物者对商店的忠诚度方面起着重要作用。因此，将包装设计与商店品牌的独特性联系起来是很重要的。一个吸引人的设计能够建立信任，并促使消费者购买该产品。

品牌架构的演变需要一种新的视觉解决方案来展示商店的独特性。由于上述的全球化，消费者在视觉上被信息淹没了。在半天时间里，一个现代购物者受到的刺激相当于一个中世纪人一生中受到的刺激。因此，"图像"很快就过时了。如果设计的目标是吸引人们对品牌的独特性（即主张、品牌资产）的注意，那么就必须确保购物者通过创造持续的新鲜形象来认识这些。在这个以视觉为导向的现代社会中，零售商必须不断为他们店内的购物者带来吸引力和惊喜。

受潮流观察启发的设计

设计、色彩和形状反映了世界。消费者趋势和重要的全球事件都会影响设计，从而影响品牌语言。

现代品牌要想与消费者息息相关，零售商就应该紧跟消费趋势。这要求他们能够通过他们的品牌，对不断变化的消费者生活方式和现实作出反应。例如，在 2008 年金融危机期间，Sainsbury's 超市为了响应消费者降低食品杂货成本的相关要求，将收益调整为"物美价廉"。

消费趋势与时代精神密切相关，而时代精神又受到诸如经济、政治、技术、立法、人口、科学和人类行为等环境因素的影响。一种由消费者演变而来的趋势行为：如果许多消费者集体表现出同样的行为，结果可能是一种新的趋势。如今，我们通过数字技术紧密相连，世界各地的潮流正在向彼此靠拢。

例如，一款独特的冰激凌，如果在美国某个地方获得成功，就可以被一个有影响力的人选中，然后迅速发展成为全球性的成功。因此，具有独特和典型品牌设计的本土品牌可以对整个品类或产品群产生影响。这就是 2017 年《时代》杂志选出的 25 个最佳创新之一——Halo Top 冰激凌的例子。

随着全球化的到来，消费者已经采取了一种更加开放的态度，喜欢对他们可以尝试的新品牌进行体验，这导致了货架上品牌和自有品牌的激增。分层零售商品牌架构与投资品牌、独家品牌或三级品牌结合在一起。我们现在在欧洲零售商那里看到的混合自有品牌结构证明了这一点。消费者，尤其是千禧一代饱受"大品牌疲劳"之苦，他们更愿意接受小品牌、冒险品牌和出人意料的品牌，也就是所谓的"全新品牌"。这些都是在没有传统和历史的新品牌下构思和推出的创新。消费者似乎喜欢全新的品牌，因为它们迎合了我们对新产品的渴望。当声誉建立和传播缓慢时，传统和历史更为重要，但在今天这个网络化的消费社会，如果新品牌提供了值得谈论的产品体验，它可以像点击"喜欢"按钮一样迅速地产生信任和知名度。全新品牌让人感觉更真实、更开放。

一些大品牌成功地与消费者保持紧密联系，并扮演着一个新的角色。他们停止在消费者面前大声宣传自己的品牌，转而转向更微妙的耳语，以获得消费者更多的共鸣。

折扣店的包装设计

包装设计在折扣零售店引导购物者的作用与在主流零售店中的作用不同。首先，折扣店的品种有限，没有太多的选择，因为他们通常只有一种产品可供选择。其次，作为折扣店主要提供自有品牌，它们不必与知名品牌竞争。然而，折扣店的包装设计在向顾客传递产品的承诺和特征时，必须遵守既定的分类代码。

鉴于消费者对小品牌的同情，即使是大型自有品牌在视觉识别方面也变得更加灵活。虽然企业标

对于 Waitrose 咖啡店的意大利烘焙咖啡粉，包装上的字体设计与位于白金汉郡杰勒德十字街的 Waitrose（1928 年）商店外墙相一致

Langhaarmädchen

Langhaarmädchen（长发女孩）讲述的是来自德国的年轻理发师和化妆师莫娜和朱莉娅的故事。

这两个女孩一个 28 岁一个 29 岁，她们都很有理想，莫娜两次被提名为美发奖，朱莉娅则在 2010 年荣获德国最佳美好师大赛冠军。

对事业的热爱使这两个长发姑娘走在了一起。在澳大利亚一场为期四周的公路旅行中，她们制定了一个愿景，即创建一个"具有个性和心灵的平易近人的美容品牌"。"Langhaarmädchen"将成为提供个人化解决方案的专业机构，用她们的产品每个人都能成为自己的美发专家。

带着他们的产品愿景，这两个长发女孩参加了一个美容展。作为德国领先药店 DM 的健康和美容类自有品牌 Balea 的造型师，她们被 DM 的经理发现。

在随后沟通中，两位美发师与这家年营业额 10 亿欧元的 DM 公司分享了她们的梦想。四星期后，她们的愿景在 DM 总部例会中被讨论以及获得认可，这成为 DM 的第一个与初创团队合作开发的出口产品。

在使用社交媒体的同时，莫娜和朱莉娅在他们的渠道上分享专业知识和个人技巧，使长发女孩的生活更轻松，并使她们成为自己的头发专家。DM 提供了一辆美国校车，并将其改装成造型巴士，现在在德国各地行驶。Langhaarmädchen 社区在 Facebook、Twitter 和 Instagram 等社交平台上非常活跃，作为影响者的莫娜和朱莉娅继续成为该品牌的代言人。

通过支持两个有影响力的人的创业，DM 意识到可以接触到一个重要的目标群体。正在远离大型跨国品牌的年轻消费者得到了一个有故事的冒险品牌。Langhaarmädchen 作为一个富有同情心的小品牌，其达到了以 DM 增强其商店对年轻女孩吸引力的目的。

识在过去是不可触摸的，但零售商在视觉识别方面已经变得更加灵活，自有品牌似乎被允许有更多空间巧妙地使用标签。

Albert Heijn 的自有品牌包装设计

在与 Albert Heijn 经理杰罗恩·普罗斯特（Jeroen Provoost）的关于设计与视觉识别交流的过程中，我们了解到这家零售商的包装设计流程是如何组织的。

部门结构

Albert Heijn 设计部有一个由 5 名设计专家组成的团队，负责设计质量。该团队由技术专家支持，并根据工作量，由自由职业者补充。设计部门每年处理几千个单品。项目可以从新产品介绍、要求重新设计现有包装、产品质量改进或新立法等几个方面发起。

设计合作

取得成功的一个重要因素是与少数值得信赖的设计机构的长期和良好的合作。创意工作的质量是由两个包装设计机构保证的，辅之以一个艺术品和平版印刷机构，以及一个合作伙伴的技术支持。偶尔，第三家设计机构也会参与到特定的高投入项目中来（例如 Delicata 巧克力）。评级机构对他们的客户了如指掌，了解他们的策略以及对企业他们的期望。这种共同创作的方式产生了高度的创造性和

高质量的材料，节省了时间，避免了合作中的挫折。当然同样重要的是，它还具有良好的经济价值设计策略。

设计战略

Albert Heijn 将每个品类视为一个独立的"小商店"。在每个店铺内，所有关于客户、采购、销售和产品质量的具体知识都由品类经理作为店铺经理收集。在这个小商店里，设计部门要确保每次都能提供最合适的设计。每个品类都建立了最符合逻辑的品牌建设。而在过去，三层方法适用于所有品类，Albert Heijn 在 2018 年采用了基于品类特定机会的品类特定品牌架构（结构变得更加混合）。例如，Albert Heijn 在其谷物类的自有品牌报价中展现了更多的深度。这个品类包括 200 多个 SKU，其中 32% 是自有品牌（三个 AH 基本型，12 个 AH 有机型和 49 个 AH 标准型），剩余的 68% 是其他品牌（来自 10 个不同的品牌）。零售商认为提供从基本产品到创新产品和复杂产品的完整的自有品牌是很重要的。

与此同时，在其他品类中也可能只存在一个 AH 品牌，而不采取分层方法（如黄瓜）就足够了。在这种情况下，坚持将 Albert Heijn 设计网格作为一个约束因素是很重要的。因为设计网格的目的是澄清和引导购物者，所以为了实现这一点，必须在包装上实现某些元素。在 Albert Heijn 的案例中，AH 标志在每个包装的顶端都可以看到，或者在新鲜产品的底部出现。然而，每个品类都可

以有自己的视觉标识，比如菠菜的字体与奶酪的字体不同。

策略的及时改变

消费者趋势和市场环境对 AH 品牌的影响是很有趣的。此前，该战略的重点是重新定位的 AH 自有品牌，作为一个家族品牌，在较低的价格。所有的独家品牌都通过重新推出 AH 标签（即 Brouwers 啤酒被 AH pilsner 取代），来使 Albert Heijn 品牌尽可能在商店中可见。

如今，小众品牌、挑战者品牌和活跃的二、三品牌都能给店内的购物者带来灵感和惊喜。他们被认为是有同情心的。作为新战略的一部分，昔日的独家品牌重新焕发光彩。AH pilsner 重新推出了 Brouwers 啤酒，Perla 与之前一样主导着咖啡品类，Delicata 巧克力和新推出的 Care 在健康和美容品类中占据主导地位。

对于一个零售商来说，自有品牌是实现品牌差异化的一个重要工具。这就是为什么 Albert Heijn 决定采用独特的包装设计来加强与购物者的联系。今天，Albert Heijn 根据不同的品类以不同的声量进行沟通。有时大声地出现，有时则几乎不可见，而是作为背景的代言人。

将全球趋势转化为荷兰国情："全球灵感和本地相关性"。本地相关性也适用于购物者特征。与其他零售商不同的是，Albert Heijn 知道哪种类型的购物者在哪里，他们可能会购买什么样的产品，并让货架与顾客的喜好尽可能保持一致。

通过密切关注消费者趋势，Albert Heijn 在荷兰市场上开创了自有品牌的先河，例如新鲜品类。在此之前，这些产品都是以印刷精美的包装提供的。今天，在透明胶片上的印刷被限制在最低限度，以尽可能多地展示产品内部："产品才是主角"。这个具体的例子现在被欧洲相当多的零售商所效仿。

> "在自有品牌中，一切都变得更快了。"
>
> 杰罗恩·普罗斯特（Jeroen Provoost），Albert Heijn 设计和视觉识别经理

在过去，传统自有品牌对于如何传达品牌价值有着自己的标准。品牌名称被放置在包装上的显著位置，产品声明以可视化的方式被清楚地传达。

1978 1999 2016

从历史的角度看 Albert Heijn 的自有品牌架构

未存在							
最好	2004	10/2011			优质型	2018	

更好	2000	2004	2012		标准型	2018

好	2003	06/2010	04/2013	09/2015	价值型	2018

独家品牌

专业系列

加倍关爱系列

关爱系列

经典基础系列

挑战者品牌通常是小型初创企业，它们在产品创新和设计方面采用了不同的方法（例如 Halo Top，它传达的不是味道，而是热量）。从视觉语言的角度来看，挑战者品牌在店内创造了更多的乐趣。与强势品牌相比，这些挑战者语言的加速更容易被自有品牌所接受，因为"在自有品牌中，一切都走得更快"。传统的自有品牌开发过程可能需要 1 至 2 年的时间。因此，产品在推出的那一刻可能是一个"追随者"。对于这两者来说，标志性品牌（部分被盲目地扔进购物车）和规模较小的亚军品牌都认为，如果它们不迅速适应市场变化，就会失去与购物者的相关性。

瑞士 COOP 的自有品牌包装设计

在与 COOP 包装设计总监朱迪丝·伊姆霍夫（Judith Imhof）的谈话中，了解到的对 COOP 瑞士公司的看法。

部门结构

COOP 瑞士包装设计部门配备了 7 名项目经理，他们大部分人都有设计背景。根据包装概念，团队每年处理大约 6500 个单品，从简单到复杂的包装，平均项目持续时间为 5 到 9 周。创建一个全新的品牌可能需要一年的时间。

设计合作

除了他们内部的包装设计外，COOP 与一些外部设计机构合作，为所有包装项目的顺利处理做出了重要的贡献。这家零售商用 3 家大型设计机构和大约 6 家较小的设计机构来分配总工作量。重要且规模可观的品牌被分配给大型代理公司，而较小的项目则被分配给较小的代理公司。在每个自有品牌设计流程的最后，由两个平版机发起的艺术品被无缝转移到打印机。为了有一个额外的备份，所有的数据文件都被单独保存在一个与工作流系统并行运行的存档中。各方都清楚自己的作用，以及如何确保合作顺利和富有成果。

自己的品牌架构

在 COOP 瑞士的总营业额中，自有品牌的市场份额为 50%，这需要专业的设置。COOP 的自有品牌体系结构略微偏离了大多数传统的"好—更好—最好"的体系结构。

所谓的特殊利益品牌，如 Karma、Naturaplan 和 Free From 是被定位在一个特定层之间的保费和中层。COOP 自有品牌设计策略的目标是确保所有自有品牌与成熟品牌有明显区别。在眨眼间，购物者必须能够区分任何 COOP 品牌和大品牌的同类产品，并将其视为自己的品牌。

> "包装设计必须首先是诚实的。只要看一下包装，就应该能够看出它是便宜的产品还是特殊配方的正宗产品。"
>
> 朱迪丝·伊姆霍夫（Judith Imhof），瑞士 COOP 包装设计责任人

COOP 旗下的自有品牌 Pro Montagna 系列是一条从瑞士山区到海拔 1000 米的生产线。通过这个品牌，COOP 支持了在偏远山区的就业

COOP 的标志被骄傲和显著地印刷在包装上。对于每个标签，一个强大的网格是到位安装一个明确的视觉识别，并确保其在商店的差异化。每个 COOP 包装设计的生命周期各不相同，并且严重依赖于品类。对于像三明治这样的冲动性产品，包装将在两年内过时。

COOP 自有品牌组合为消费者提供了多样化的选择，也为零售商提供了抗衡自有品牌的工具。此外，它还为购物者提供了对市场价格感知的指导。基于这些原因，COOP 将在未来几年进一步扩大其自有品牌的分类。此外，考虑到与折扣零售商的激烈竞争，Prix Garantie 系列将进行软性的重新设计。适合家庭的 Prix Garantie 包装尺寸将被缩小，以增强其对小家庭的吸引力。

Betty Bossi

Betty Bossi 从一个虚构的厨师发展成为瑞士烹饪界领先的 COOP 自有品牌。Betty Bossi 是"自 1956 年以来瑞士的烹饪中心"，并成为自 2012 年以来 COOP 的全资子公司。

这一切都始于 1956 年的一份家庭主妇杂志。这本杂志包含了食谱、每周膳食计划、编织图案、预算计划和恋爱建议。1973 年 Betty Bossi 出版了

从历史角度看瑞士 COOP 的自有品牌架构

最好   01/2015

专业品牌

更好   01/2017

好   10/2013

优质型

专业品牌

标准型

01/2019

价值型

第一本烹饪书，2001 年又推出了电视烹饪节目。同年，COOP 公司在 Betty Bossi 公司获得了 50% 的份额。在 2002 年，第一个 COOP Betty Bossi 品牌产品上架。今天，超过 120 名员工每年出版 3 到 4 本烹饪书籍，此外还有各种媒体杂志、广播节目，为网站和社交媒体提供信息。

对于 COOP 来说，Betty Bossi 是一个产品开发和国际食品趋势观察运作中心。仅在 2017 年，COOP 和 Betty Bossi 就惊人地创造了 700 种不同品类的新食品。店内超过 570 个产品现在是 Betty Bossi 品牌，Betty Bossi 使其成为一个不断的新产品介绍和包装设计的来源。

在线生活的世界

预计在大约 10 年的时间里，大约有 25% 的杂货店购物将在网上完成。这意味着，网上食品零售的影响将与 20 世纪 50 年代引入自助式零售、20 世纪 70 年代和 80 年代自有品牌的兴起以及 20 世纪以来折扣零售商的迅速扩张相当[2]。值得注意的是，语音驱动购物的实施将彻底改变竞争环境。这将对自有品牌的要求和自有品牌包装设计产生巨大的影响。它必然要遵循一套全新的规则。

意大利哲学家、欧洲智囊团主席卢西亚诺·弗洛里迪（Luciano Floridi），他描绘了数字革命对我们的影响，是第一个使用"在线生活（on-life）"这个词的人。

研究表明，最小化的物理包装在网上是行不通的。另一方面，虚拟的大脑友好型包装设计是一种改进。在在线生活宣言中，他总结道，在线和离线之间的差异正在逐渐消失[3]。客户周一可能在实

| 商店模式 | 包装 |

研究表明，最小化的物理包装在网上是行不通的。另一方面，虚拟的大脑友好型包装设计是一种改进

体店购物，周二可能在虚拟店购物，周三他可能选择两者的混合。这就需要一种完全不同的包装设计方法。

想象一下时光倒流，想象一下詹姆斯·塞恩斯伯里（James Sainsbury）开设他的第一家 Sainsbury's 商店之初的发展情况。他开始在柜台后面销售，帮助他的客户做出购买决定，详细说明产品的细节和质量，然后再把产品装进棕色牛皮纸袋。

当购买场景转变为 20 世纪 50 年代的自助服务，一种新的媒介出现了：包装设计能够向客户讲述故事。

未来展望

六十年后，我们再次转变为在线生活的世界中的一种新模式。在这里，每个人都使用一种媒介，而事实上，这种媒介的开发并不是为了买菜。看一下设备的屏幕，就可以看到商店里随机出现的物理包装与零售网站上的在线版本在尺寸上的差异。在现实世界（积木）中，消费者可以很容易地获得关于品牌、产品品类、规格和营养信息的信息。然而，在虚拟世界（点击）中，这是不可能的，因为产品只有 1.8 厘米

大小，很难被识别。实体包装的在线版本，是原始包装的缩微版，几乎将所有设计元素减少到零。

神经科学研究表明，目前在线展示的包装不够有效。所有在品牌、识别度和传播能力方面的投资都很难被大脑观察到[4]。

自有品牌包装设计的摇篮诞生于 19 世纪末。从实用的棕色包装袋到沉默的推销员，包装的转变促使了 20 世纪 50 年代自助服务的模式获得成功。包装设计已经发展成为一个真正的专业，以使自有品牌与不断变化的购物者保持一致。

自 20 世纪 90 年代末以来，互联网的崛起已经开始，把世界变成了一个本地化竞技场。今天的消费者受到视觉刺激的轰炸，这缩短了图像的生命周期，加快了零售内部发展的速度。

为了确保顾客的忠诚度，品牌必须紧跟消费趋势，以保持与受众的相关性。就像 Albert Heijn 和 COOP 的案例所表明的那样，成功的零售商已经塑造了自己的自有品牌组织，以便从这一新现实中获益。

最后，在线生活的世界中的"积木和点击"之间的相互作用将确保零售和零售设计在未来发展得更好。

总　结

在零售商与顾客之间的所有交流中，自有品牌的包装是最引人注目的。与以往任何时候相比，自

有品牌是最能让零售商实现品牌差异化的一个因素，而设计则使零售商的形象对消费者来说是清晰

可见的，看得见摸得着。

自有品牌的包装设计是其货架性能成功的重要因素（沉默的推销员）。这种设计不仅让零售商的身份在商店中可见，而且在消费者家里也可以继续传达品牌价值观和零售商信息。

重要的是，零售商为他们的自有品牌使用了清晰和一致的设计，因为这些可以成为零售商将自己作为一个品牌呈现出来的所有表现形式的统一因素。

为了让自有品牌架构中的每一层都有独特的外观，包装设计师在包装设计中使用固定的元素（网格），使产品具有可识别性。在新兴市场，快速的城市化推动了现代零售业的发展和增长。这也导致了消费者对自有品牌的更多关注。

专业化是品牌进一步发展的先决条件，而关注专业营销和包装设计则是不断向前发展的必要条件。

现代品牌要想与消费者保持联系，零售商应该密切关注消费趋势。这使他们能够通过他们的品牌来响应消费者不断变化的生活方式。

网上购物对自有品牌的要求和自有品牌包装设计的影响将需要一套全新的规则。

神经科学研究表明，目前在线展示的包装不够有效。

折扣零售的超级市场化

折扣零售商是一种以低于典型市场价值的价格销售产品的商店形式。它的商品种类有限，关注的是价格，而不是广泛的选择或服务。这些产品主要以自有品牌出售。折扣零售商的目标是在保持高质量标准的同时，以尽可能低的价格提供日常必需品。因此，所有的注意力和资源都被分配来实现这一战略目标。

今天，折扣零售商代表了23%的欧洲零售市场，其中Lidl和Aldi是欧洲销售额最大的公司[1]。他们迫使竞争对手重新考虑他们的战略，考虑合并（Sainsbury's和Asda），甚至开设自己的折扣模式（Tesco旗下的Jack's）。

为什么他们会如此成功，他们是如何运作的，所谓的"超级市场折扣"是什么意思？这是我们将在本章中寻求解决的几个问题。

折扣店惊人的成功

2018年，就营业额而言，折扣零售商是欧洲排名第一的零售商（Lidl）和第二的零售商（北Aldi和Süd），几乎遍布欧洲所有国家、美国（Lidl和Aldi）和澳大利亚（Aldi）。他们不仅是目前最大的零售商，而且根据LZ Retailytics，他们将继续甚至进一步加强他们的地位，增长速度超过任何主要竞争对手[2]。

折扣店成功的基础是以极低的价格提供自有品牌的有限品种。消费者学会了欣赏有限的优质产品，甚至因为选择的减少而减轻了购物的压力。与此同时，一种智能购物的意识在"虽然我可以多花钱，但为什么我要多花钱？"的口号下，创造了一种智能购物的感觉。这与在食品和非食品单品中通过进进出出的促销手段不断改变的报价相结合，使折扣店在零售业中创造了一个独特的概念。

相互竞争的零售商不仅失去了市场份额，而且由于价格的下行压力，他们也失去了相当一部分利润。例如，仔细观察一下英国市场，就会发现折扣零售商的破坏性的影响是显而易见的。仅仅5年的时间，Aldi和Lidl的市场份额几乎翻了一番（从2013年11月的7%到2018年12月的13.2%）[3]。在同一期间，Tesco、Sainsbury's、Asda和Morrison的市场份额从峰值时的77%跌至69%。考虑到折扣零售商的价格明显较低，四大零售商的市场份额被Aldi和Lidl抢走的情况更加严重。

这些所谓的四大零售商的应对方式是大幅减少产品种类和价格，扩大自有品牌的报价和供应商数量的减少（见第2章）。然而，所有这些都未能抑制折扣的进一步增长。下一步Tesco将推出自己的折扣模式——Jack's，而Asda和Sainsbury's则宣布有意合并[4]。

由于Lidl和Aldi销售的自有品牌产品远多于品牌产品，因而折扣零售商市场份额的增长将意味着市场的损失。除了失去市场份额，品牌制造商还经历了利润下降，因为他们不得不通过加强

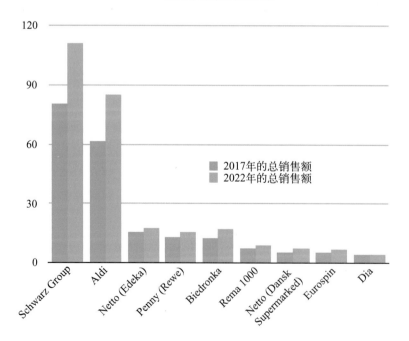

折扣零售商的市场份额

资料来源：LZ

促销活动来捍卫自己的地位。这样的代价更是让人痛不欲生。折扣店的压力已经导致利润率恶化。最后但并非最不重要的一点是，为了应对折扣零售的成功，主流零售商开始调整策略，并更多地关注自有品牌。

虽然 Aldi 和 Lidl 不是唯一的折扣零售商，正如在前一页的图表中所显示的那样，我们主要关注这两个折扣零售商。他们不仅是迄今为止最大的折扣零售商，而且还是欧洲其他大多数折扣零售商的榜样，比如波兰的 Biedronka。这家折扣零售商基于 Aldi 和 Lidl 模式运营，在 2017 年实现了波兰市场 20% 的市场份额[5]。

折扣零售如何开始

早在 1945 年，阿尔布雷希特兄弟接管了他们母亲在 1914 年开的家庭杂货店。在第二次世界大战结束后的最初几年，包括食品在内的所有东西都很稀缺，于是兄弟俩决定把这个杂货店改造成一个商品种类不多、价格降到最低的商店。在 60 年代早期，兄弟们把公司分成北 Aldi 和南 Aldi。然而，这家公司的业绩并不太好。

Aldi 概念的诞生是出于需要，两兄弟战后在工人聚居地建立的小商店网络似乎失去了吸引力[6]。1962 年，Aldi 开了第一家折扣店，特色是"缩减到基本的"品种。"没有易腐的产品，自助服务，没有价格标签的产品，"这些被展示在运输箱（后来推出了货架现成包装）或托盘上，每天低价出售，没有促销活动，所有产品都在非常基本的商店提供。员工必须执行多项任务，从而减少了非生产性时间。他们只提供自有品牌的产品，这使得他们可以避开德国零售价格维持法。该法律禁止零售商以低于品牌所有者规定的 3% 的价格销售品牌产品。由于整个系统的成本大幅降低，这个概念被证明比其他任何零售商都更有竞争力。一种新的零售模式诞生了：折扣零售商。

Aldi 成功扩张背后的一个重要驱动力是阿尔布雷希特兄弟在没有外部资本支持的情况下发展他们的业务。由于范围有限，每个单品的产品轮换非常高，消费者早在折扣店向供应商付款之前就已经付了款，而且有了 30 天的付款期限，这为投资创造了资本。由于商店的投资被保持在最低限度，这大大缩短了偿还期。

Aldi 的性价比能力成就了其商标和业务的继续增长。仅在几年后的 1968 年，Aldi 通过收购奥地利 Hofer 开始了其国际扩张。1976 年，Aldi 在欧洲以外的第一家门店在美国开业。在接下来的几年里，通过增加个人护理产品以及推出非食品的促销活动（包括服装和家居产品），其产品种类得到了扩张。

Lidl 追逐 Aldi 的成功之路

1973 年，迪特尔·施瓦茨（Dieter Schwarz）开了他的第一家折扣概念店，在接下来的几年里，他的主要目标是扩大 Lidl，从而取代 Aldi 第一名的位置。除了 Lidl 旗下的小型折扣店外，施瓦茨还在 Lidl 旗下经营大型超市 Kaufland 品牌。

在 20 世纪 80 年代，折扣的概念在欧洲的其他国家得到了发展，如挪威 Reitan Gruppen 的 Rema 1000、丹麦 Dansk supermark 的 Netto 和西班牙的 Dia。然而，他们中没有一个能像 Lidl 或 Aldi 那样在欧洲取得成功。20 世纪 80 年代末，Lidl 在德国拥有约 450 家门店，并开始在法国进行国际化经营，随后其他国家迅速效仿。国际扩张背后的理由很可能是寻求数量，这是提高与 Aldi 竞争力的先决条件。

20 世纪 90 年代，随着社会对在折扣店购物接受度的提高，北 Aldi 开始在自己的产品中加入更多的奢侈品。在折扣店购物被认为是明智的购物方式。那个时候，折扣店发现，一个高质量的产品，一个无与伦比的价格，不仅可以说服价格敏感的消费者，也可以说服质量敏感的消费者。

也许 Lidl 开始追赶 Aldi 的第一个标志是 90 年代末条形码扫描的实施。Aldi 直到 21 世纪初才转向条码扫描。扫描是一个重大的飞跃，因为它允许扩大品种，而不必给所有产品贴上价格标签。

长期以来，折扣零售商收银台的员工不得不记住多达 850 个 SKU 的独特的 3 位数 PLU 代码。当扫描仪被引进时，为了完全满足折扣零售商的需要，Lidl 与 NCR 合作开发了一个量身定做的系统。为了加快条形码的可读性和结账时间，Lidl 决定打印多达四个条形码，甚至一个条形码就能够完全围绕包装。这大大减少了处理时间，以便快速完成交易，而不必为所有个别产品定价标签。条形码扫描的另一个优点是它可以扩展商品品类。

在 21 世纪的前十年里，Lidl 的增长速度继续高于 Aldi。尽管总体上取得了惊人的成功，但在 2008 年，Lidl 决定离开挪威，并将其业务剥离给 Rema 1000。几年后，Aldi 离开了希腊。这些决定表明，如果有必要，折扣店不会羞于做出大胆的决定，而作为家族企业，它们这样做可能更容易。

研究证实，折扣市场份额在多年的经济扩张中不仅稳步增长，而且在多年的经济衰退中也依然加速增长，导致主流零售商永久丧失市场份额[7]。折扣零售商在过去几十年中的惊人增长证明了这一论点，因为在最近的经济增长时期，Aldi 和英国的 Lidl 增长了 6%，他们从四大零售商那里窃取了大量的营业额。

尽管在撰写本章时，围绕英国退欧的辩论存在很多不确定性，但我们预计，一旦英国脱离欧盟，英国的折扣零售商可能会在未来的几年里从预期的经济衰退中获得不成比例的利益。

超市化

在 21 世纪的第二个十年，折扣店增长速度放缓，甚至多年来首次在德国出现下滑。其中一个主要原因被认为是消费者对购物体验的期望。他们期望有一个更复杂的商店，并放弃了基本的折扣店。同时，似乎很难在不吞噬现有商店的情况下开设新的商店。Lidl 和 Aldi 在大多数欧洲国家已经有一个相当大的网点，由于缺乏空间和有吸引力的环境，在现有的网点内增加销售似乎很困难。

因此，Lidl 和 Aldi 都重新考虑了他们的商店概念，并决定升级他们现有的商店网络。在经过一些测试后，他们选择了一个新的商店概念，这为增长打开了新时代的大门。它不仅改变了商店本身，而且涉及一种全新的战略，我们称之为超市化。

超市化可以最好地描述为跨越典型的折扣零售业态的界限，这一点在新店开业后变得很明显。超市化超越了充满灯光和玻璃的全新商店（被嘲讽地称为玻璃宫殿）。超市化涉及到更多的商品种类，重点是新鲜、方便和烘焙产品，提供更广泛的品牌商品、有机和公平贸易产品。它还涉及与消费者沟通的新方法，包括对电视广告和社交媒体的使用。它还包括对消费者更加开放，强调可持续性和企业

社会责任，甚至适应当地消费者的需求，包括从邻近地区采购也不例外。谁会想到折扣店会开始销售大麻（奥地利的 Lidl）、高级狗粮（德国的南 Aldi）或海蒂·克鲁姆（Heidi Klum）设计的时尚服装（Lidl）。

对于如何对品牌产品进行促销（德国 Aldi 南部和北部），妮维雅产品有 25% 的折扣，Lidl 会员卡，以及围绕 "Holl dir die Lidl Vielfalt"（获得 Lidl 的品种）口号推出一个电视广告（德国的 Lidl）[8-9]。超市化已将折扣店变成零售业的颠覆者，预计将进一步推动折扣店的增长[10]。折扣零售店数量的增加导致其营业额的指数级增长。从 2014 年到 2018 年，Lidl 的数量增加了 8%，Aldi 增加了 4.4%。在同一时期，营业额分别实现了 35.4% 和 24.8% 的惊人增长[11]。这使得其他折扣零售商必须跟进。

Lidl 与 Aldi 的对比数据来源 LZ Retailytics

	年	流通量	指数	商店数量	指数	平均店铺面积（平方米）
Lidl	2014	€64.1	100	9908	100	869
Lidl	2018	€86.8	135	10703	108	996
Lidl（预测）	2022	€110.6	173	11759	119	1096
Aldi	2014	€52.8	100	8194	100	805
Aldi	2018	€65.9	125	8551	104	939
Aldi（预测）	2022	€84.6	161	9242	113	1073

数据来源：LZ Retailytics

Norma 宣布扩大其商店的规模，而 Netto 则开始测试一个新的概念，更加注重新鲜产品[12]。超市化已经改变了零售业的格局，这种格局预计在未来几年还会继续改变。

分类方法现状

今天，Lidl 和 Aldi 的产品主要包括三个方面：常规品种、食品类进出式促销和非食品类进出式促销。值得注意的是，进出式促销是折扣店成功的关键，因为它能带来商店的流量。正如英国的一位购物者所说："我喜欢去 Aldi，他们总是有你意想不到的产品，最终也会使人想要购买。"进出式促销可以包括总品种中的大量单品。例如，在一家葡萄牙的 Lidl 商店，我们统计了总单品数量的 50% 是进出式促销的一部分。这使折扣零售商在市场上处于独特的地位。没有一个竞争者能够管理如此强大但相对有限的品种，并同时拥有一个每周变化的报价。

> "我喜欢去 Aldi，他们总是有你意想不到的产品，最终也会使人想要购买。"
>
> 一位在英国一家 Aldi 商店接受采访的购物者

常规品种是折扣店提供服务的核心。在每一个单独的品类中，都有相当于基准品牌的自有品牌提供。Aldi 和 Lidl 都使用特定品类的品牌来建立他们的整体产品。多年来，Aldi 和 Lidl 的一些品牌已经成为其自身的强大品牌，比如 Lidl 用于个人护理的品牌 Cien、巧克力的品牌 Moser Roth 以及 Aldi 的洗衣粉品牌 Tandil。每一个单独的单品都在质量、包装和价格方面得到精心管理。由于种类有限，与主流零售商能够做到的多达 30000 个单品或更多的产品系列相比，折扣零售商可以对每个产品给予更多的关注。此外，由于每件产品的数量非常大，因而折扣零售商可以谈判出一个无可匹敌的价格与质量报价。

除了常规的品种外，进出式促销活动在整体报价中获得了巨大的重要性。这种销售策略背后的心理学是值得一提的。通常情况下，商店在标准商品目录中列出一个单品，并等待顾客购买。然而，通过进出式的促销方式，折扣商可以对消费者施加压力。

Moser Roth 巧克力是 Aldi 公司在欧洲的所有商店中唯一提供的品牌

由于价格与质量的优惠非常好，而可用的库存有限，因此购物者必须迅速采取行动，因为该产品很可能很快就会卖完。进出式促销在非食品类产品中首次出现，目前包括纺织品、家用纺织品、装饰品、运动、DIY、美容和电子产品等品类。除了非食品类的进出式促销，食品类的进出式促销也在Aldi 和 Lidl 中变得更加普遍。值得注意的是，Lidl 以国家为中心的进出式促销活动是众所周知且非常成功的，尽管也会选择其他主题，如健康食品或地区产品。

Lidl 的进出式促销，产品来自意大利

Lidl 的分类评估

折扣店在确保每件商品的质量和价格都与竞争对手的产品相匹配，甚至优于竞争对手的产品方面投入了大量的精力。

竞争性零售商的产品。例如，Lidl 每年都会仔细检查品类，并将其报价与竞争对手进行比较。由于品种有限，这项工作是通过购买主要竞争对手的所有自有品牌单品以及从拥有最大品种的竞争者处购买基准产品而实现的。所有产品都标有价格，并在桌子上排成一排，Lidl 的产品排在最前面。消费者的销售价格和每升、每公斤或每单位的销售价格，以及利润率与其在总营业额中所占的百分比被计算出来。竞争产品的呈现方式是将所有可比较的产品都排在自己的后面。

那些 Lidl 在其范围内没有的单品被放在标准版产品的旁边。这样就可以清楚地看到竞争对手所提供的产品中哪些是 Lidl 没有提供的。其他由 Lidl 验证的要素包括价格、产品质量（产品被品尝后的反馈）、营销声明、成分以及可能的新制造商。这项工作以一份文件来结束，概述要实施的所有变革。这既是一份工作文件，也是一份控制文件。

Lidl 公司以同样的方法进入一个新的国家。通过购买市场上的所有产品，Lidl 可以清楚地了解到市场上的产品。这使得该公司能够根据当地消费者的期望来匹配和调整产品的种类。

Lidl 的内销促销，产品来自瑞士

对自有品牌架构的影响

在过去的十年里，Lidl 和 Aldi 的商品种类并没有特别地随着市场的变化而变化。Lidl 和 Aldi 都没有按照卡尔·阿尔布雷希特（Karl Albrecht）最初的信念进行特别的演变。关于卡尔的最初信念，他在 1953 年说："众所周知，只有有限的产品系列能保证最低价格。增加一个新商品比取消一个商品要容易得多。"Aldi 的平均标准品种从 900 个扩大到 1400 个单品，最近甚至更多。在同一时期，Lidl 从 1200 个单品增加到 1800 个单品，还不包括进出式促销活动。

> "增加一个新商品比取消一个商品要容易得多。"
>
> 卡尔·阿尔布雷希特（Karl Albrecht），Aldi 和 Süd 的创始人

折扣店的超市化也使消费者对质量产品的看法产生了积极影响。它鼓励购物者购买更昂贵的产品，而不是像以前那样在没有吸引力的经典折扣店选择价格低廉的产品。更重要的是，它为创建一个更复杂的自有品牌架构打开了大门。Lidl 的 Italiamo 和 Aldi 的 Al Gusto delli Italia 都使用原产国品牌进行食品进出式促销。原产地品牌用于他们的食品进出式促销活动。对于在圣诞节和复活节期间销售的美食系列，则提供诸如 Delicieux 和 Deluxe（Lidl）以及 Freihofer Gourmet 和 Specially Selected（Aldi）等品牌。

与早期不同的是，我们观察到，在某些品类的折扣零售商可能在同一个标签下提供各种品质的产品。如 Lidl 在个人护理品类中提供 Cien Beauty、Cien Caviar 和 Cien gold，而 Aldi 的牛奶巧克力

圣诞节期间英国 Lidl 的豪华系列

Lidl 的食品类进出式促销活动

除了著名的非食品类进出式促销活动外，Aldi 和 Lidl 也越来越多地开展食品类进出式促销活动。值得注意的是，Lidl 有一个结构良好的战略，即以希腊等国家为中心的"进-出"促销。该促销围绕希腊等国家的特价商品，针对意大利、西班牙—葡萄牙（伊比利亚）和法国在一个短时期内商店所提供的一系列库存有限的食品。

这种进出式促销活动的出发点是原产国。以希腊为例，希腊的 Lidl 公司将从其现有的品种中推荐产品。同时，判断这些产品从国际口味的角度来看是否有趣。当然，还要对供应商生产高峰的能力进行评估。随后，Lidl 的中央采购办公室会选择一个标准的品种，Lidl 在每个国家可以从中选择适合其各自市场的单品。此外，这些信息是集中收集的，所选择的产品以及产品的总数量将被通报给采购国，而数量则会传达给购买国的公司。

在这种情况下，希腊 Lidl 将与供应商进行最后检查后签订合同，所有参与国都将签署合同，然后也会得到通知。为了确保产品在商店中清晰可见，公司设计了特定的包装，以强调原产国的特点。

为了降低成本，包装材料和产品的生产流程都围绕着语言群来规划，而用于包装的产品照片则是集中制作的。在每个国家的促销活动结束后，公司立即对销售数字进行分析，作为未来计划的基础。通过叠加数量，不仅为进出式促销活动，也为购买国的标准品种创造了更好的谈判地位。很多参加食品类进出式促销的产品都是属于当地 Lidl 的产品。

因此，产品质量已经确定，并符合原产国的要求。最后同样重要的是，这些产品不是全年提供，而只是在有限的时间内，以有限的数量进行提供，这样既便于分配货架空间，又能保证产品能有较高的轮换率。

著名的季节性促销活动与 Lidl 的 Deluxe 或 Delicieux 的功能一样。然而主要的区别是所有国家的 Lidl 公司都可以为 Deluxe 或 Delicieux 促销活动提供其产品。此外，每个国家也被允许，事实上甚至被鼓励去寻找符合当地的产品。Deluxe 品牌或 Delicieux 品牌的一些产品可以在几个星期内提供，允许商店重新订购产品，这在一个国家的进出式促销活动中是不可能的。

则以不同的标签提供，如 Maurinius、Choceur 和 Moser Roth。

令人惊讶的是，在英国和爱尔兰的折扣零售商中也可以找到"优质"的自有品牌产品。Aldi 的创始原则是只拥有标准系列，没有层级。然而，标准层的定价往往会受到主流零售商价值系列的冲击。尽管 Aldi 在质量上有所保证，但在价格上却被压制。Aldi 推出的日常必需品就是为了解决这个问题。

作为其战略的一个例外，英国和爱尔兰的 Aldi 公司现在对有限的几个品类，如酱、烤豆、果酱、巧克力饼干和五花肉，采取了两级甚至三级的战略。

在英国和爱尔兰，Aldi 实施了一个三层的自有品牌战略，在日常必需品标签下增加数量有限的产品

如何评估供应商上市或进场的机会

	物　品	较好的	最好的	上市的	进出	特定品类	交叉品类
一般产品	Everyday Essentials（Aldi UK）Simply（Aldi Ireland）			•			•
特定品类品牌		Tandil（Aldi）W5（Lidl）		•		•	
有机的		Bio Organic（Lidl）Mama Nature（Aldi）		•			
国家（例如意大利，希腊）			Italiamo（Lidl）		•		
优质产品		Cien	Cien Gold 和 Cien Caviar（Lidl）	•			•
优质产品			Specially Selected（Aldi UK）	•			
优质产品的进-出			Deluxe 和 Delicleux（Lidl）		•		•

在上一页的表格中，我们总结了目前折扣零售商的自有品牌架构。对于供应商来说，了解所提供产品的定位是很重要的，因为标准产品的销量明显高于进出式促销产品。另一方面，说服折扣零售商让产品参与到进出式促销活动中，可能比在常规品种中更容易获得实惠。

折扣零售商的品牌

在早期，尽管品牌在市场上无处不在，到处都可以买到，但折扣零售商并没有提供这些品牌。他们认为这些产品在价格上很难产生差异。然而，折扣零售商决定将标志性的知名品牌纳入他们的分类，以产生额外的商店流量。

Lidl 在德国加速增长并超过 Aldi 的方法之一，就是在其产品中增加知名品牌。然而，从 2015 年起，南 Aldi 也允许品牌产品进入其商店，而且在价格上非常有竞争力。这对德国市场上一些知名品牌的价格水平产生了破坏性影响，并因此影响了一些标志性品牌的利润，例如 Funny Frisch 薯条、Bitt 汉堡啤酒和 Hohes C 果汁。

风雨飘摇的时代

对于大型折扣零售商 Lidl 和 Aldi 来说，在德国市场的扩张几乎已经用尽全力。从 2015 年起，一直在失去市场份额的南 Aldi 开始发起进攻，在其德国商店中以低价列出品牌产品。在此之前，Lidl 一直在提供品牌产品，而没有过多干扰市场现有的价格水平。Lidl 慷慨地计算了产品的利润，如可口可乐、妮维雅、Hohes C 等产品的利润。很多时候，消费者的价格往往是在主流零售商的水平上，这为德国的折扣巨头 Aldi 带来了机会。

多年来一直宣传"便宜的品牌产品只在 Lidl 公司购买"的 Lidl 公司，把南 Alid 公司标志性品牌的是对自己的一种宣战。例如，对 Aldi 上市的 Funny Frisch 薯片的反应是一个明确的信号，即 Lidl 不想不战而退，离开竞争的地盘。Aldi 以 1.29 欧元的永久价格推出，正好与主流零售商的促销价格持平。Lidl 立即反击，将价格降至 1.19 欧元，这意味着这一高销量产品的利润损失为 0.80 欧元。

同样地，Lenor 织物柔软剂的价格永久性地下降了 0.20 欧元，Hohes C 果汁的价格下降了 0.50 欧元。似乎 Lidl 想通过提供更多的价格来破坏竞争对手对品牌的喜爱，为品牌提供更低的消费价格。它还树立了不向 Aldi 供货的榜样[13]。

然而，品牌的引入需要仔细监测，因为它对购物车的整体价格有影响。正如下面的例子所示，如果一个购物者选择用一个贵50%的品牌单品来取代两个自有品牌的产品，那么购物车的价格就会增加24%。这个价格的增加可能不会被购物者认为是他决定更换自有品牌的结果，而是折扣店变得更贵了。

此外，折扣零售商必须仔细管理他们商店里的品牌产品，因为这将降低利润率。事实上，每个从自有品牌转到品牌的消费者都会减少零售商的平均利润。一个品牌制造商在折扣店推出其品牌之前，应该仔细评估可能产生的影响。诸如"推出品牌将如何影响我的品牌资产？""对消费者价格的长期影响是什么？"或"主流零售商和竞争者的反应可能是什么？"这样的问题应该在前期得到回答和评估。

Lidl 公司有一个单独的部门负责谈判品牌的供应条件，而 Aldi 公司则负责谈判私营企业的供应条件，对自有品牌和品牌的供应商条件进行谈判。

产品质量

折扣零售商对产品质量极为重视，并热衷于在独立的测试报告中取得好成绩，如 Ökotest、Stiftung Warentest（德国）、Consumentengids（荷兰）或 Bewezen Kwaliteit（比利时）。经常发生的情况是，折扣零售商的产品甚至在测试中击败了知名品牌。一个糟糕的测试结果可能会对现有的供应

仅限自有品牌	购物篮 1	品牌	购物篮 2
产品 1	€1.49	产品 1	1.49
产品 2	€0.99	产品 2	0.99
产品 3	€1.29	产品 3	1.29
产品 4	€1.99	产品 4	1.99
产品 5	€1.49	产品 5	1.49
总　计	€7.25	总　计	8.99
		价值差	1.74
		百分比差	24%

两个自有品牌的单品被品牌取代后，在折扣店中的购物篮会贵出24%。品牌和自有品牌在折扣店中的平均价格差异为50%。（由 IPLC 模拟）

商产生直接和严重的影响，并总是使双方的关系处于危险之中。

多年来，主流零售商一直试图通过在折扣店中增加有价值的自有品牌来抵消购物者流失的风险。他们提供的产品质量与折扣零售商提供的不一样。

然而基于对成分表的分析，通过对实物产品的比较显示，在许多情况下，与折扣零售商（即 Lidl）提供的自有品牌相比，价值型自有品牌的质量受到侵蚀。事实上，Lidl 的质量在少数情况下甚至比知名品牌更好。

今天，除了以无可匹敌的产品质量为目标外，与消费者相关的其他要素也被折扣零售商考虑到了。可持续性、减少碳排放和社会责任对他们来说

由独立机构如 Ökotest 或 Stiftung Warentest 进行测试的有利结果往往被印在包装上（有两种产品右边：Lidl，左边：Rossmann）

已经变得越来越重要。从 UTZ 认证的巧克力，到 MSC 认证鱼类和公平交易的产品：折扣店正在制定新的行业标准。例如，德国的 Lidl 公司是第一个为其肉类产品推出牲畜质量认证的零售商。

折扣零售商的品种有限，有利于店内产品的高度轮换。这对新鲜产品的质量特别有利，因为新鲜产品的质量往往优于主流零售商。2018 年，荷兰的 Lidl 被选为拥有最佳水果和蔬菜供应的食品零售商[14]。

折扣零售商希望他们的供应商能够密切关注市场的变化，如新产品的推出或者是供应商对产品质量的修改。这些必须在第一时间被注意到，并转化为自有品牌的行动。毕竟，折扣零售商提供的每个产品都

产品质量对比成分表[15]

	知名品牌	Lidl	在主流零售商中的自有品牌
水果什锦	45% 水果	50% 水果	7%—10% 水果
意大利通心粉	硬质小麦粉	硬质小麦粉	软质小麦粉
番茄酱	每 100 g 有 148 g 番茄	每 100 g 有 185 g 番茄	每 100 g 有 81 g 番茄
玉米片	传统玉米片	传统玉米片	挤压式玉米片
水果饼干	小葡萄干 / 葡萄干 31%/6%	小葡萄干 / 葡萄干 31%/6%	小葡萄干 / 葡萄干 20%/7%
榛子酱	13% 榛子	13% 榛子	1.5%—2% 榛子
冷冻薯条	长薯条，少量缺陷	长薯条，少量缺陷	短薯条，更多缺陷
猫砂	灰色膨润土	白色膨润土	凹凸棒石

数据来源：2016 年 IPLC 研究报告

Aldi 的公平贸易类产品

必须在突击的消费者测试中取得良好或优秀的结果。

在 PLC 的一项研究中，有 113 名在欧洲各地的自有品牌制造商工作的高级经理被问及他们如何看待与零售商的关系。当谈到产品质量的话题时，令人印象深刻的是，有 40% 的受访者认为折扣店的产品质量通常比主流零售商的标准自有品牌（"更好"层级）更好[16]。

价格策略

传统上，鉴于折扣零售商的战略使命是让购物者获得市场上最有说服力的报价，因而他们在价格上总是非常激进。然而，与折扣店相比，主流零售商往往会以更低的价格提供其价值型自有品牌。在很大程度上，他们是通过侵蚀产品的质量来实现的（见第 2 章）。

产品创新

与主流零售商相比，折扣店提供的产品要少得多，因此，新产品的推出在货架上变得更加明显。研究证实，产品创新在折扣店环境中更受关注，因为购物者不会迷失在大量的其他单品中[17]。

出于这个原因，一些知名品牌制造商甚至在 Aldi 或 Lidl 测试新的概念，以获得购物者的反馈，然后在制造商品牌下推出他们的创新。例如，Kühlmann 在德国市场推出之前，在南 Aldi 测试了它的 Cupito 沙拉杯式搅拌器的冷藏便利品类。

也有很多例子可以说明，由于折扣零售商的创新，使新产品的创新成功地进入了零售市场。2001年，德国 Aldi 公司是第一个推出冷冻辣味土豆片的零售商。由于 Aldi 公司立即获得了成功，致使许多德国零售商纷纷效仿，这导致该产品迅速蔓延到整个欧洲市场。

直到这时，像麦肯和艾维科这样的品牌制造商才复制了该产品并以各自的品牌推出。2013年，Lidl 公司在德国市场上推出了高品质的纯白猫砂。

在当时，这对零售购物者来说是一个相当陌生的产品。由于消费者的高度认可，该产品在欧洲推广，我成为市场的一个新标准。Aldi 和 Lidl 以直观和低成本的方式推动创新。更重要的是，他们以非常高的速度成功地做到了这一点。Aldi 英国公司在 2018 年"杂货商自有品牌食品和饮料大奖赛"中赢得了 21 个奖项，给人留下了深刻印象。Lidl 以 19 个奖项位居第二。Aldi 在总的创新方面也变成了领先者，获得 14 个奖项，其次是 Lidl，获得 13 个奖项[18]。考虑到在世界最复杂的自有品牌市场，折扣零售商的品种有限，这是一个相当令人印象深刻的结果。

供应商与折扣零售商合作

主流零售商和折扣零售商之间的主要区别是，由于单品数量较少，折扣零售商每件商品的购买量要大得多。因此，供应商的数量也较少。供应商关系是不同的，并保持简单的物理访问限制到最低限度。供应商认为折扣零售商的决策过程更简单、更快、更有效。他们也认为折扣零售商比主流零售商更可靠。而同时他们也被认为比主流零售商更可靠、更值得信赖、更忠诚[19]。值得注意的是，折扣零售商的超市化也对其与制造商的关系产生了影响。超过 10% 的高级管理人员发现，虽然存在差异，但这些差异正变得不那么重要。管理更大的商品种类和更频繁的食品类进出式促销活动使与折扣零售商打交道比以前更加复杂。

尽管越来越多地考虑到当地消费者的喜好，但 Lidl 公司还是力求在其范围内协调产品质量。此外，合同谈判也尽可能地集中组织。另一方面，Aldi 遵循不同的采购政策。不同的采购政策，让各个国家有更多的余地来选择他们的品种和回应当地消费者的口味和偏好。产生某一特定单品的最大数量的国家通常负责谈判。

2018 年，北 Aldi 和南 Aldi 决定更紧密地合作，以提高他们的采购地位，使 Aldi 和 Lidl 的战略更加相似。这两家折扣零售商都寻求与他们的供应商建立和保持长期关系。尽管这可能会因市场现实（即替代供应商的数量）和产品（即商品与特殊产品）的影响而有所不同。折扣零售商承认，长期的关系使制造商能够成为成本领先者，使他们能够投资于进一步优化其流程。但还有更多的问题，比如更换供应商几乎肯定会改变自有品牌产品的质量，并因此而失去销售的风险。即使是包装样式或重新设计也可能产生影响，并导致消费者投诉。品牌通常不会不改变其产品的质量，如果他们这样做，消费者会被告知。

新产品创新通常会在选定的区域内或在进出促销期间进行测试。根据销售业绩，产品可能会在常规分类中获得固定陈列。供应商应铭记，产品测试成功后，可以重新谈判固定陈列的条件。

由于买家将大部分时间花在常规品种上，因此他们可能没有足够的时间对进出式促销的产品进行搜索。这对供应商来说是一个重要的洞见，因为这可能给需要测试市场的产品提供了一个有利的机会，并使其开始与折扣零售商合作。有时，一种特定的产品可能不符合常规分类的要求，但很适合做进出促销。

在折扣零售商的分类中寻找现有单品的供应商时，应仔细检查产品的质量以及现有供应商的能力水平。对于国内供应商来说，赢得合同将更加困难，因为国际买家需要确信国内报价更好或值得分开采货。必须详细说明由国内供应商取代国际供应商的理由，特别是在 Lidl。最后，供应商应注意，经常缺货导致货架空置的情况也可能是新供应商接管合同的机会。

不合格的供应商

与折扣零售商合作不同于向主流零售商供货，供应商需要注意到一些特别敏感的领域。如果供应商的表现不符合折扣零售商的期望，这种关系肯定会受到影响。虽然折扣零售商设想并希望与供应商保持长期关系，但有些原因会导致他们重新考虑这种合作。

交货率

交货率低是非常严重的问题，这种问题甚至会被上报至 Lidl 在相应国家的首席执行官（CEO）那里。虽然交付问题仍然可能会发生，但供应商应该完全做到信息透明。如果供应商所提供的产品无法在较短时间内交付，则应与对方进行沟通和讨论。在这种情况下，折扣零售商可能会决定暂时将无法交付的产品从单品清单上除名，以增加其他产品的数量并增加其销售额，同时也可以避免货架空置而导致不良形象。一旦交货问题得到解决，产品恢复供应，即可重新被加入单品清单上。

产品质量

产品质量问题也是折扣零售商极为敏感的领域，一旦出现就会非常警惕。建议供应商不要隐藏产品质量并在与折扣零售商的沟通中保持信息的公开和透明。质量问题最有可能通过内部或外部测试或客户反馈中被发现。为了保护消费者对其产品的信任，折扣店可能宁愿不出售产品，也不愿出售百分之百不符合预期质量的商品。

竞争力

为了保持其作为低成本零售商的市场地位，折扣店将通过不断努力降低整个系统的成本。这当然也包括商品成本，供应商将会定期受到来自成本的挑战，以证明他们仍然是值得合作的。因此，不断努力消除低效率并降低成本是任何制造商向折扣零售商供货的先决条件，因为总会有竞争对手急于窃取业务。

市场反应

折扣零售商的供应商应积极而专注地关注其所在市场的变化，对新产品的推出或调整必须及时进行和评估。如有必要，应提出调整或响应建议，以确保折扣零售商的主张受到保护。如果产品的销售额下降，折扣零售商则往往会希望制造商能积极主动地提出行动计划。通常，修改销售不佳的产品比谈判新产品上市更容易。

成本结构

折扣零售商的经济模式与主流零售商截然不

同。由于其简单的流程，少量的单品和高效的供应链设置，使折扣零售商能以显著较低的成本运营。低毛利率使得主流竞争对手几乎不可能在价格上与其竞争，而卓越的效率确保了这些低毛利率很容易转化为底线利润。基于标杆管理，与典型的主流零售商相比，折扣损益大致如右图所示。一旦折扣零售商进入市场，他们将推动一个良性循环，以非常低的价格吸引购物者，并创建流量和运营杠杆，而投资资本的回报将通过开设新店进行再投资。

主流零售商和折扣零售的损益对比[20]

	主流零售商	折扣零售商	折扣零售商优势（劣势）
周　转	100%	100%	
货物成本	69.1%	80.9%	
毛　利	30.9%	19.1%	（11.8%）
运营成本	−25.6%	−11.2%	
门店贡献	5.3%	7.9%	2.6%
费　用	−1.7%	−0.9%	
未计利息	3.6%	7%	3.4%

折扣魔法

折扣零售商只有一种或极少数的产品，旨在从整个品类中拉动销量。这是通过提供具有吸引力的包装的优质产品来实现的[21]。

	市场份额	年销售额（欧元；百万）	门店数量	每个门店每周的销售额（欧元；千）	分类中的单品数量	每件商品平均售价	每个单品每个商店每周售出的单位数
零售商 1	21%	€2 268	255	€194	20 000	€2.00	5
零售商 2	21%	€2 258	150	€289	40 000	€2.00	4
零售商 3	22%	€2 374	100	€457	30 000	€2.00	8
Aldi	12%	€1 240	133	€179	2 250	€1.50	53
Lidl	12%	€1 240	150	€159	2 500	€1.50	42
其他	12%	€1 219					
		€10 600					

有限的购物者选择和分类对折扣店的自有品牌合同数量产生了惊人的影响。即使折扣零售商的市场份额较低，但每个单品的平均交易量则可以高出 5 到 10 倍。

供应商如何评估与折扣零售商的合作

供应商认为与折扣零售商合作并不那么复杂，甚至比与主流零售商合作更有效率。大多数情况下只有一个接触点，这使快速决策和加快流程成为可能。虽然折扣零售商的要求很高，但他们也被认为更可靠，他们制定并遵守协议，按约定发送订单并及时付款。此外，他们的预估和订购流程更可靠。一位爱尔兰牛肉生产商 7 年来一直是爱尔兰 Aldi 的供应商，他说他永远不必等待付款。

> "支票在约定的日期到达，从不提前也从不迟到。"
>
> 埃迪·奎尔迪（Eddie Quilty），AIBP 肉类公司的总经理[22]

与零售商相比，供应商在与折扣店的合作关系中体验到了更多的相互信任和忠诚度。此外，一个显著的区别是，产品知识在更注重质量的折扣店中显得更为强大。为了平衡这一点，零售商通过提升单品丰富度和品牌丰富度，从而更加注重开放创新和品类管理。

虽然零售商热衷于支持创新，但也发现折扣零售商拥有更多的产品知识，并将试用新产品和创意。他们被认为既具有企业家精神，又具有更多的自主权，这与精益的组织结构相结合，使他们能够快速运作。虽然将新产品推向市场的过程在两个渠道之间是相似的，但零售商被认为采取了更加官僚化的方法，因为涉及更多的员工和部门，从而减慢了这一过程[23]。

对问题"与折扣零售商合作有什么区别？"排名前五的回答

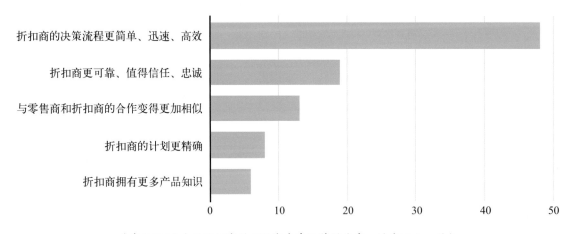

（采访了 16 个欧盟国家的 113 家自有品牌供应商，答案不止一种）

Aldi 和 Lidl 之间的竞争

尽管 Aldi 和 Lidl 都是折扣零售商，但他们也存在一些差异。Lidl 拥有更集中的组织，更大的产品范围，并在营销和宣传方面投入更多。仅在德国，Lidl 在营销支出方面就排名第四，2018 年前 10 个月其预算为 2.19 亿欧元。Aldi 甚至没有出现在前十名[24]。在 Facebook 和 Twitter 社交平台上，Lidl 也比 Aldi 更活跃。此外，二者对借贷资本的态度也存在很大差异。例如，2006 年，Lidl 出售了价值 10 亿欧元的房产，为其扩张提供资金，而 Aldi 几乎完全使用自有资本。

他们的成功和不断增长的市场份额使两家公司之间的竞争更加激烈。

在早期，Lidl 似乎追随 Aldi，但 Lidl 很快就开始扩大产品种类，也增加了品牌产品。德国的 Aldi 最近开始增加其品类中的品牌产品数量，这似乎让 Lidl 感到不安，正如 Schwarz 集团首席执行官克劳斯·格林（Klaus Gehring）的言论所表明的那样："我们总是比 Aldi 多 400 个单品，我们必须回到那个水平[25]。"

值得注意的是，虽然北 Aldi 和南 Aldi 一直作为两个实体独立运作，但他们现在似乎愿意创建更紧密的伙伴关系。第一步是通过合作采购新鲜农产品来实现的，最近他们甚至还宣布了自有品牌采购的协调。北 Aldi 和南 Aldi 同样的产品归属于不同的自有品牌，但现在将被一个通用品牌名称所取代（如：南 Aldi 的洗衣粉品牌 Tandil 将取代北 Aldi 的 Unil）[26]。

由于北 Aldi 和南 Aldi 之间更密切的合作，他们在 Lidl 方面的竞争地位将变得更加强大。展望未来，如果未来利率上升，Aldi 资产负债表上几乎不存在的债务也可能对他们有利。

Aldi 和 Lidl 不仅在欧洲存在竞争，在美国也存在竞争，Lidl 于 2017 年开设了第一家商店。鉴于早期阶段令人失望的结果，Lidl 调整了其扩张计划。为了应对 Lidl 的市场进入，Aldi 宣布在美国再开设 800 家门店，并投资总计 53 亿美元改造其现有门店[27]。

未来展望

超市化不仅重新定位了零售领域的折扣店，同时也保持了对其原始核心价值的忠诚。前页所描述的"折扣魔法"仍然存在。有限的报价和国际足迹所导致的惊人的数量，使得主流零售商特别难以竞争。此外，严格的标准化流程和大型商店使折扣零售商能够扩大其产品范围。商店内部通常是全新的，并且越来越类似于主流竞争的室内设计，并且通过食品类和非食品类进出式促销，为巧妙的利基营销分配了额外的空间。折扣零售商只是在零售市场创造了一个独特的细分市场，并有望在不久的将来进一步扩大其市场份额。尽管他们以比以前更高的成本运营，但它们的总体成本基础仍然大大低于竞争对手。

总 结

折扣零售商是一种商店形式，其商品种类有限，并且以低于典型市场价值的价格销售产品。竞争的零售商不仅失去了市场份额，而且由于价格的下行压力，他们也失去了很大一部分利润。

折扣零售市场份额在经济扩张的年份稳步增长，但在经济低迷的年份仍在加速增长，导致主流零售商的市场份额永久流失。

随着消费者对购物体验的期望发生变化，折扣店的增速放缓，在德国甚至出现了多年来的首次下滑。

超市化是 Lidl 和 Aldi 采用的全新战略，它改变了零售格局。

今天，Lidl 和 Aldi 的报价包括三个主要支柱：常规品种、食品类进出式促销和非食品类进出式促销。

折扣店的超市化对消费者对产品质量的认知产生了积极影响，并为创建更复杂的自有品牌架构打开了大门。

为了产生额外的商店流量，折扣店将更多标志性的知名品牌添加到他们的商品中。这对价格水平产生了毁灭性的影响，进而影响了一些标志性品牌的利润率。

折扣零售商非常重视产品质量。糟糕的测试结果可能会对现有供应商产生直接而严重的影响，并使两者的关系处于危险之中。

Aldi 和 Lidl 以直观和低成本推动创新。更重要的是，他们成功地以非常高的速度做到这一点。

供应商认为折扣零售商的决策过程更简单、更快速、更高效。人们也发现折扣零售商比主流零售商更可靠，更值得信赖及更忠诚。

尽管折扣零售商倾向于与供应商保持长期关系，但如果交货率低，产品质量偏差或定价没有竞争力，二者关系将面临压力。

超市化重新定位了零售领域的折扣店，同时保持了对其原始核心价值的忠诚。这使得主流零售商尤其难以与之竞争。

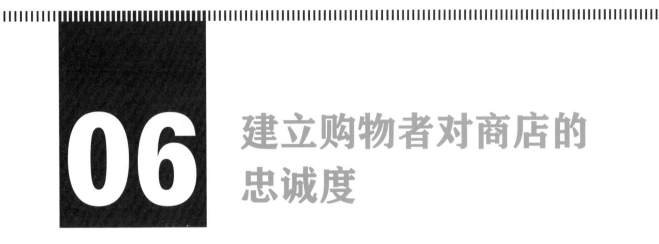

06 建立购物者对商店的忠诚度

多年来，自有品牌市场份额的增长不仅令人印象深刻，而且还改变了其运营所在市场的竞争动态。在许多国家，现在只有少数零售商主导着市场，鉴于竞争加剧，建立顾客对商店的忠诚度是零售商战略中的关键目标之一。为了实现这一目标，自有品牌已成为一种强有力的工具。

众所周知，价格和产品质量在消费者选择自有品牌方面发挥着重要作用。内在和外在的线索都会对消费者对产品质量和价格的看法产生影响。在本章中，我们将讨论零售商如何寻求提高购物者的忠诚度。

内在和外在线索

消费者倾向于使用一系列线索来评估他们对产品质量的看法。这些线索可以分为产品的内在或外在。外在线索与产品相关，但不是物理产品属性的一部分，例如图像、价格、品牌名称、广告和包装。内在线索表示与产品相关的属性，如果不改变产品的物理属性，就无法操纵这些属性，例如成分、味道、颜色和口感（感官属性）[1-2]。

在早期，自有品牌杂货产品在内在产品质量方面被认为不如知名品牌。但时代已经改变，零售商已经做出了努力，使自有品牌的质量与知名品牌相匹配，研究结果和许多发表在杂志上的消费者测试都确认了这一点，如来自 Consentenbond Gids（荷兰），Stiftung Warentest（德国），Which（英国）和 Bewezen Kwaliteit（比利时）等测试机构的数据。

自有品牌质量测试

著名的德国测试机构 Stiftung Warentest 给自有品牌打了好成绩，其指出在选定的品类中，零售商品牌占主导地位。在 2012 年至 2018 年期间，对 58 项测试的结果进行了分析，其中由 Stiftung Warentest 评估了 1 270 种食品（643 种品牌产品和 627 种自有品牌产品）。总体结论是，从平均质量的角度来看，知名品牌和自有品牌产品水平相当（图 1）。在从感官角度评估的 1 422 种产品的测试中，743 种知名品牌产品的得分略高于 679 种自有品牌产品（图 2）[3]。据 Stiftung Warentest 介绍，消费者选择自有品牌的主要原因有两个：与知名品牌替代品相比质量好、节省成本[4]。这就是为什么德国的折扣零售商使用独立测试机构（如 Stiftung Warentest 或 Ökotest）的积极测试结果来支持其质量信息的原因。他们可以通过货架上的信息来对其质量宣传，甚至偶尔还会将相关信息印在包装上。

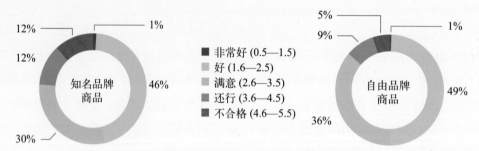

图1：平均测试结果：知名品牌产品（3.0）自有品牌（2.8）

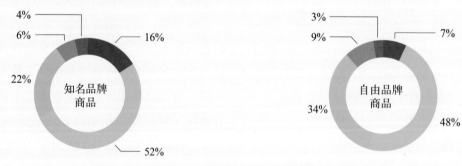

图2：平均感官测试结果：知名品牌产品（2.5）自有品牌（2.7）

一些零售商自豪地在自有品牌包装上打印
出有利的测试结果

有充分的证据表明，客观衡量的自有品牌的内在产品质量和知名品牌一样好。有时甚至更好。

尽管基于内在线索的自有品牌的客观产品质量通常被证明与知名品牌一样好，但问题是消费者是否也这么认为。另一方面，对于外部线索，局面看起来略有不同。尽管多年来自有品牌包装的吸引力可能有所提高，但它通常仍被认为不如知名品牌吸引人。这种负面的外在暗示继续阻碍自有品牌的形象[5]。这意味着对于某些购物者，尤其是老一代，自有品牌的形象仍然不如知名品牌的形象，这需要更多的时间来改变。

这些持续存在的负面包装线索特别麻烦，消费者更可能在产品评估中使用外在线索而不是内在线索，因为这些需要付出更少的努力。在缺乏实际经验或知识的情况下，对于如葡萄酒、洗发水、洗涤剂或宠物食品等难以评估的产品，消费者往往会根据外在线索来评估质量。虽然高参与度的消费者有可能关注内在线索，但低参与度的消费者更有可能关注外在线索。出于这个原因，个人推荐可能会产生巨大的影响，这一因素不应被低估。例如，Aldi购物者充当社区"大使"的情况并不少见，他们会告诉朋友，甚至告诉完全陌生的人某件产品有多好，如果他们购买了该产品他们是多么的明智。

自有品牌质量

消费者对自有品牌的看法非常有利。据一项旨在了解如何看待自有品牌质量、价值、分类和包装的全球自有品牌调查显示，有71%的全球受访者认为商店品牌质量随着时间的推移而有所提高。价格是70%的全球受访者购买意愿的主要驱动因素，但质量也很重要。三分之二的人认为自有品牌物超所值[6]。

尽管如此，即使客观质量相同甚至更好[7-9]，一些消费者仍会认为自有品牌的质量低于知名品牌。尽管多年来人们感知到的质量差距已经缩小，但它仍然存在，并导致一些人愿意为更高价格的知名品牌支付金额。事实上，由于年度招标过程的结果，自有品牌的产品质量可能会在一段时间内出现偏差。如果合同从一个供应商转移到另一个供应商，那么规格可能不一致。品牌在提供一致的质量方面要好得多。通过缩小自有品牌与知名品牌之间的质量差距，零售商可以通过提高价格来提高自有

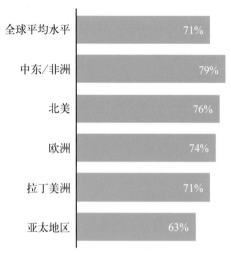

人们对自有品牌质量的看法有所改善

全球平均水平	71%
中东/非洲	79%
北美	76%
欧洲	74%
拉丁美洲	71%
亚太地区	63%

资料来源：尼尔森公司2018

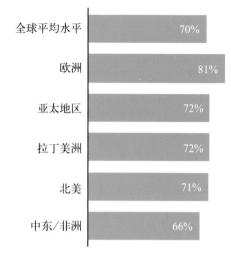

购买自有品牌可以省钱

全球平均水平	70%
欧洲	81%
亚太地区	72%
拉丁美洲	72%
北美	71%
中东/非洲	66%

资料来源：尼尔森公司2018

品牌的利润率[10]。在某些品类，例如个人护理或涉及情感、社会认同或信任的产品，以及啤酒和婴儿食品，消费者会更倾向于知名品牌，不太可能购买自有品牌。

重要的是要强调，自有品牌应该是高质量的。高收入以及对质量敏感的消费者通常更喜欢购买他们上一次购买的同一品牌。一旦这些消费者尝试了一个自有品牌，并将其视为高质量的产品，从而获得高满意度，那么他们很可能会坚持使用该品牌，并继续购买，从而降低他们更换商店的可能性。研究证实了这一点，表明缩小与知名品牌根据这一观点，我们可以理解为什么折扣零售商如此成功[11]。

他们的策略旨在使自有品牌和知名品牌之间的价格差距最大化，同时使质量差距最小化。事实上，Lidl经常成功地提供更高质量的自有品牌（参见第2章和第8章）[12]。

建立顾客对商店的忠诚度

消费者选择自有品牌的购买意愿取决于三个维度的感知：消费者对自有品牌的价格，质量以及对商店形象感知。前两个维度是众所周知的，并且得到了很好的描述。然而，后者——商店形象感知——却不太为人所知[13]。

自有品牌质量感知

如果消费者对产品质量的感知是高的，而质

量的变化是低的，那么他们就会购买自有品牌。如果他们对自有品牌有积极的印象，并且认为自有品牌是可以信任的，就会出现这种情况。零售商可通过批注（例如牙膏批注、宠物食品的兽医或冷冻即食食品的厨师）、免费样品、店内品尝或店内筛选等方式，提高顾客对其自有品牌的品质认知。

零售商的营销策略以及显著的广告也在支持购物者对感知到的自有品牌质量方面起着重要作用。这对自有品牌份额的影响要大于与知名品牌价格的差异[14]，例如 Aldi 和 Lidl 的营销活动。

2016 年，Lidl 在广告中写道："选择权在你。"2018 年，Aldi 说："不要浪费你的钱。"在这两场运动中，人们都对知名品牌和自有品牌进行了比较。在其中一份声明中，Aldi 的榛子巧克力酱 Nusskati（消费者价格 1.29 欧元）与费列罗 Nutella（消费者价格 3.79 欧元）进行了直接比较[15-16]。

消费者做出的许多决定都是基于有限或不完整的信息。这种情况也会发生在去超市的常规购物之旅中，在那里，消费者可以从许多产品品类中获得多种选择。其中一些产品是众所周知的，并已经被许多消费者试用过，然而，另一些的还没有。

购物者对产品质量的评估主要基于外在因素（如包装、价格和品牌名称）。为了能够评估他们以前从未尝试过的产品，购物者通常会以价格为指导。因此，零售商也努力以一种提高消费者对产品

价格–质量–商店形象的感知

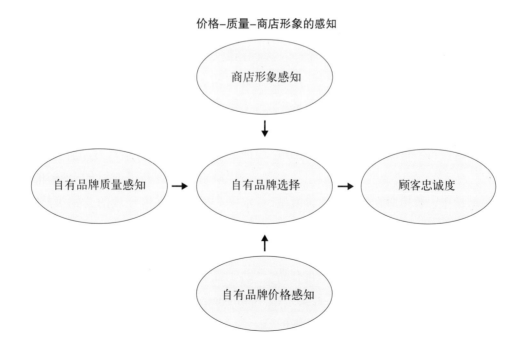

质量感知的方式来定位他们的自有品牌的价格，因此人们通常认为昂贵的产品质量较高[17]。

当消费者遇到两个同类型但价格不同的品牌产品时，通常会认为价格越高的产品质量越好。出于同样的原因，当消费者在同一品类中得到两种自有品牌的产品时，他们会认为它们之间肯定有区别。换句话说，他们希望商品的质量有所不同[18]。当一个零售商既有标准的自有品牌，又有优质的自有品牌时，消费者期望高质量和高价格的产品。换句话说，产品的预期定位很受欢迎[19]。

英国的一些零售商制定了一些规则，以确保高端产品符合某些标准，他们将根据标准对这些标准进行审查，以确保消费者认为高端产品是合理。

自有品牌价格感知

为了更有效地竞争，零售商们投入巨资将他们的商店旗帜打造成一个强大的品牌。他们针对多个消费者群体，推出了多层的自有品牌架构，通常以商店的名称命名。这使得零售商能够利用他们创造的品牌资产。

在这些体系结构中，价格所在的部分（价值型自有品牌）对零售商提出了特定的挑战。一方面，鼓励消费者购买这些产品并不完全符合他们的利益，因为这些产品的利润率通常低于标准的自有品牌产品。另一方面，需要为购物者提供某种安慰，以实现消费者的接受。消费者对价值型自有品牌的选择主要是由价格引发的，而不是与性能相关的品牌联想或对品牌的情感依恋。

一般来说，零售营销者应该从有形（好味道、好气味或出色的表现）和无形（明智的选择、健康的选择或让你感觉良好）两方面来定义他们的自有品牌的价值承诺。大多数情况下，零售商把精力集中在产品质量的沟通上，以增加品牌的接受度和选择性。但是，这个策略不应该应用于重视自有品牌。这条信息应该是旨在强调产品的无形价值，以摆脱传统的物有所值的方法。一个很好的例子是 Sainsbury's 在包装上解释了为什么其价值的自有品牌的基础产品价格低廉。Sainsbury's 开玩笑地解释，基础产品系列的价格明显较低的原因是它的质量不同。

消费者对自有品牌的选择与他们的风险感知有很大关系。因此，如果标准自有品牌产品的质量与知名品牌相同，消费者不存在功能性风险，零售商应努力说服消费者试用该产品（减少实验风险）或提高对自有品牌的普遍接受程度（减少社会风险）。与价值型自有品牌相比，消费者在购买优质自有品牌产品时可能会感知到更高的风险水平。因此，零售经理的营销策略应该旨在传达更好的成分质量、改善的产品性能或提出可持续发展的主张，以及地区来源或动物福利。这将有助于证明领先制造商品牌和优质自有品牌产品之间的价格差距。

不同零售商自有品牌之间的竞争（内部竞争）

Sainsbury's 开玩笑地解释，基础系列的价格明显较低的原因是它的质量不同

将会随着产品的购买量的增加而增强。如果自有品牌和知名品牌之间的价格差距很大，或者知名品牌经常得到推广，也会出现这种情况。因此，除了知名品牌与自有品牌之间的竞争（内部竞争）外，还应考虑相互竞争的零售商。

在购买频率较低的品类中，自有品牌与知名品牌的价格差距较大，这使得该店能够与竞争对手区分开来。因此，如果零售商想用自有品牌来提高购物者对商店的忠诚度，他们就应该投资于质量好、价格高的自有品牌，购买洗衣粉或洗发水等不太常买的商品。

那些比知名品牌便宜得多的自有品牌，尤其是那些经常购买的产品，如牛奶、面包或蔬菜，不太可能建立起商店的忠诚度。然而，它们可以吸引对价格敏感的挑剔顾客，这些顾客会在任何他们能找到的地方购买便宜的自有品牌。消费者通常在补充购物时购买这些商品，这些购物很可能在几家商店进行。在这些品类中拥有自有品牌有助于增加商店流量，这是零售商的另一个重要目标[20]。

商店形象感知

在转向自有品牌之前，消费者往往会将他们对商店形象的感知与提供的自有品牌产品的质量联系起来。影响商店形象的因素可以是服务水平（即友好和乐于助人的员工）、邻近程度（即位置和便利程度）或分类（即范围和选择程度）。

然而，众所周知，商店的形象不限于其营销规模，还包括消费者可能有的联想零售组织。这些都与企业价值观密切相关，如如何解决可持续发展问题和动物福利，如何承担社会责任，如何帮助当地农民和响应消费者的利益。如果消费者与零售商的联系是积极的，它可能有助于这些零售品牌的价值感知。良好的店铺形象也有助于提高自有品牌的感知质量。在这方面，它支持零售商提供高质量产品的努力，这是重要的，因为它有助于建立购物者的忠诚度[21]。

然而，反过来也一样。由商店旗帜品牌背书的自有品牌也可能对商店和零售形象有积极的影响。自有品牌的价格形象（即低价、有吸引力的促销活动和物有所值）与其竞争对手相比，与零售商的整体价格形象呈正相关。

与物有所值相关的自有品牌有助于提高零售

供应商的故事

零售商已经投资于"供应商故事"营销，以证明他们对支持当地农民和蔬菜种植者的承诺。这有助于他们与零售商建立积极的消费者联系，从而建立良好的商店形象。举几个例子：

Aldi

"爱尔兰 Aldi's 获奖的水牛奶酪来自西科克，由约翰尼农场每天生产的新鲜水牛奶制成。"

Migros（米格罗斯）

"Migros 只销售来自以特别友好的方式饲养的奶牛和适当喂养的奶牛的牛奶。此外，它还与农民培养了长期和公平的伙伴关系。"

REWE

"直接来自社区的新鲜感——这就是我们的

区域分类所提供的东西。我们一直对与我们市场周边地区的农民和公司合作感兴趣，无论是我们自己的品牌 REWE Regional 还是我们许多当地供应商的产品。"

商的竞争形象。消费者在满足需求、提供可负担的产品和尊重环境等方面与自有品牌联系起来的价值观，与零售商的品牌形象呈正相关。这意味着，负责自有品牌战略的零售经理应确保其自有品牌的形象符合零售商品牌战略。自有品牌可以帮助零售商表达或增强他们的品牌形象，因此，零售商应更加重视自有品牌所反映的价值和价格形象。将自有品牌的价值观与其形象联系起来，将有助于零售商建立比低价更丰富的定位[22]。

附加效果和顾客忠诚度

一个零售商对自有品牌的投资也可能使竞争对手的自有品牌受益。同样，使用一个自有品牌的经验也会影响购物者对竞争对手商店中销售的其他零售商品牌的信任。因此，如果零售商成功地说服消费者在他的店里购买自有品牌，而不是本国品牌，那么这也可能有利于竞争对手的自有品牌。满意的购物者在参观竞争对手的商店时，可能会受到诱惑购买自有品牌，这种现象使得自有品牌成为与其他

社会责任

2017 年，汉堡的一家 Edeka 商店登上了德国新闻。在一场反种族主义的运动中，这家零售商从货架上撤下了几乎所有的产品，而是放置了令人震惊的信息，如"如果没有外国人，我们的货架会像这样空空如也"。通过这一声明，Edeka 商店旨在激发社会辩论，以促进更多的宽容。

2018 年 11 月，REWE 发起了一个类似的行动，以庆祝联合国教科文组织的"国际宽容日"。在所有的 REWE 商店，提供了一个特别版的重新设计的彩色包装的涂层花生。产品的描述是"是的！对多样性和宽容"。一袋 500 克的零售价为 1.95 欧元，其中 0.4 欧元将被捐给了慈善机构。

2012 年，Casino 是第一家推出不含棕榈油的榛子巧克力酱的零售商。在"Je suis Noissette"巧克力酱中，棕榈油被替换为葵花籽油

知名品牌竞争的有效手段。新的自有品牌的引入可以期望消费者更快地接受，并以牺牲知名品牌为代价获得更高的市场份额，因为消费者学习得很快。像一家超市提供自有品牌免费样品这样的促销活动，在其他超市可能会对本国品牌造成损害，因为购物者对竞争对手商店的自有品牌很熟悉[23]。

自有品牌的命名

在为自己的品牌命名时，零售商要做 个重要的决定。他们可以选择独立的品牌，避免商店名称和自有品牌之间的显式链接，也可以选择商店旗帜品牌，并使用他们的商店旗帜名称和徽标来明确标识他们的所有权。重塑自有品牌是一项非常昂贵的工作，因为分类可能包括数千个单品。因此，必须以一种知情的方式做出命名决策。

通过谨慎而持续地建立自己的品牌，许多零售商的名字现在已经成为一个强大的品牌。光顾他们商店的顾客会认出这个品牌，因为它将被长期在商店内外使用。媒体营销口号的字体、排版和措辞都经过精心管理和平衡，以支持商店品牌。

商店旗帜品牌化

包装上印有商店名称的自有品牌产品，可以说是有形的，可以帮助购物者在商店里穿行。它们被摆放在货架上的各品类产品中，很容易被识别，在关键时刻影响消费者的决策。

如果零售商使用其商店旗帜品牌，那么自有品牌产品和零售商之间的联系是显而易见的。因此，积极的影响变得更有可能。这些可能通过熟悉度效应实现，因为如果消费者熟悉品牌名称，他们对未知产品的质量就不那么不确定了[24]。当品牌名称与可信的旗帜名称相对应时，这一点尤其正确[25]。在大多数情况下，欧洲的零售商将他们的商店旗帜名称分配给他们的自有品牌分类。对于零售商来说，支持带有商店旗帜的自有品牌的价值是多方面的。除了引导购物者在商店的决策过程中外，产品将始终加强品牌意识，当产品在家庭中使用时，因为包装在厨房橱柜上，桌子上或浴室洗脸盆上仍然可见。因此，它将继续推广该商店。一旦产品被使用，消费者感到满意，他或她很可能会回到商店买一个新的。

独立和特定品类的品牌建设

通过采用独立或特定品类的品牌战略，零售商避免了在其自有品牌产品和零售旗帜之间的明确联系。在欧洲，只有少数零售商选择了这种战略。最突出的参与者是 Lidl 和 Aldi，这可能源于一个特殊的原因：由于他们寻求每一个单品的价格最小化和销量最大化，因而产品只提供基本的杂货店购物需求，只包括有限数量的知名品牌。例如，通过使用一系列独立品牌，如用于乳制品的 Milbona，用于意大利面的 Combino，用于家庭清洁的 W5 或者用于麦片的 Crownfield，Lidl 为顾客创造了一种品牌体验。Aldi 也采用了同样的策略，例如，巧克力品牌 Moser Roth，乳制品品牌 Milsani 和洗衣清洁品牌 Tandil。

其他采用独立品牌战略的主流零售商包括西班牙的 Mercadona、波兰的 Eurocash 和比利时的 Colruyt。例如，Mercadona 将 Hacendado 的品牌名称分配给其常温食品和冷冻食品品类的标准自有品牌产品。在其他几个品类中，使用的是单独的品牌名称，如个人护理品牌 Deliplus、宠物食品品牌 Compy 和家庭清洁品牌 Boque Verde。

法国零售商 Leclerc（勒克莱尔）的策略更为复杂，它的自有品牌组合中有 70 多个特定品类品牌，比如意大利面品牌 Turini，咸味小吃品牌 Tokapi，乳制品品牌 Déllisse 和咖啡品牌 Plantation。每个单独的产品都有一个包装设计，在包装上清楚地印有具体的品牌品类。除此之外，Marque Repère 标签印章表明该产品是 Leclerc 自有品牌分类的一部分。这一品牌战略的其他例子是法国 Intermarché 的 La sélection de Mousquetaires

法国零售商 Leclerc 使用由 Marque Repère 标志认可的特定品类的自有品牌

标签和波兰 Eurocash 的 Dobry Wybór（不错的选择）标签。

　　与商店旗帜的有限链接使这些零售商更容易出口他们的自有品牌范围，并在非竞争市场提供它们。

巨无霸案例

摘自：如何为您的自有品牌打上品牌[26]

　　为了说明商店旗帜品牌的好处，我们提到了荷兰零售商 Jumbo 在 2009 年战略性地重新推出了自有品牌。该零售商遵循每日低价策略，尽可能提供各种新鲜和环境食品的最低价格（约 30000 单品）。这些商店的平均面积为 1500 平方米，设有特色区，如面包店和熟食店的新鲜食品专柜。目前的旗帜经营着大约 584 家商店，占有荷兰杂货市场 18.7% 的份额[27]。

2009 年，该公司决定重新推出全系列产品，并用旗帜品牌取代 Jumbo 的自有品牌 O'Lacy，成为一个独立品牌巨无霸。生活方式图像被添加到 Jumbo 包装中，高质量的食品摄影和一个更一致和复杂的设计建筑。2009 年初，第一批以 Jumbo 命名的产品出现在货架上，并逐渐取代了所有 1600 个 O'lacy 品牌的单品。

总的来说，品牌重塑计划取得了成功，自有品牌的销量飙升，接近 100 家零售商根据所研究的品类，在重新启动后的第一季度平均增长了 27%，利润也因此增加了。通过在标准的自有品牌上使用其旗帜名称，Jumbo 成功地利用了其稳固的声誉，以及消费者与 Jumbo 门店之间的积极联系，将 O'lacy 品牌重塑为 Jumbo 自有品牌，尤其在以下几个条件下产生了增长：

- 品牌在这一品类中的地位是强大的；

- 这类产品的第一品牌地位很稳固；
- 有很多品牌创新；
- 各大品牌都做了大量广告；
- 这个场合被用来重新组织品类和货架空间；
- 面数增加了；
- 增加了更大的包装尺寸。

正如本案例清楚说明的那样，从战略上将一个独立的标准自有品牌重新命名为商店旗帜品牌的自有品牌可以提高值得信赖的零售商的自有品牌性能，特别是当品类管理器的战术决策由以下方式进行适当调整时：

- 在品牌重塑时重新组织货架；
- 在重新命名的自有品牌下增加单品的数量；
- 在重新命名的自有品牌下增加更大的包装尺寸。

自有品牌选择

今天，欧洲的大多数零售商遵循纯粹的商店旗帜品牌战略，为自有品牌背书。然而，如下图所示，混合策略和一些独立品牌策略也在使用中。

将 O'lacy 品牌重新命名为 Jumbo 后，第一季度的平均销售额增长了 27%

	品牌在同类产品中的地位通常较高（O'lacy 的地位较低）	品牌在同类产品中的地位较低（O'lacy 位置较高）
Jumbo 品牌的性能对比以前的 O'lacy 品牌	+33.6%	+20.7%
	如果在同类产品中排名第一的品牌地位稳固	如果在同类产品中排名第一的品牌地位不稳
Jumbo 品牌的性能对比以前的 O'lacy 品牌	+45.5%	+9%
	拥有很多品牌创新点	拥有很少品牌创新点
Jumbo 品牌的性能对比以前的 O'lacy 品牌	+45.4%	+10.4%
	品牌被大肆宣传（比如洗衣粉和洗碗片）*	品牌很少被广告
Jumbo 品牌的性能对比以前的 O'lacy 品牌	+44.6%	+12.1%
	品类和货架空间大幅改变 **	品类和货架空间保持不变
Jumbo 品牌的性能对比以前的 O'lacy 品牌	+47.1%	21.1%
	Jumbo 品牌的单品数量大于之前的 O'lacy 品牌	Jumbo 品牌的单品数量与之前的 O'lacy 品牌相同或更低
Jumbo 品牌的性能对以前的 O'lacy 品牌	+53.9%	+16.8%
	在 Jumbo 品牌下增加了较大的包装尺寸（如麦片）	Jumbo 品牌的包装尺寸保持不变
Jumbo 品牌的性能对比以前的 O'lacy 品牌	+110.2%	+15.8%

* 在这些品类中，尤其需要零售商值得信赖的旗帜名称的支持，而且确实起到了作用。

** 对货架进行全面改造的咖啡品类就是一个很好的例子。在品牌重塑之后，自有品牌咖啡垫销售额增长了 80%，每周带来了大约 12500 英镑的额外品类利润（包括自有品牌和知名品牌）。

精选的 O'Lacy 和 Jumbo 自有品牌产品

2009 年，公司决定重新推出整个系列产品，并将 Jumbo 的自有品牌 O'lacy 替换为独立品牌 Jumbo。在研究的近 100 个品类中，重新推出后的第一季度的平均增幅为 27%

命名自有品牌是战略中的重要决策

品牌选择	举　例
商店旗帜品牌	Albert Heijn Tesco Edeka Auchan
独立品牌	Colruyt（Boni） Superunie members（g'woon）
有某种标识背书的特定品类品牌	Leclerc（Marque Repère） Intermarché（La sélection de Mousquetaires） Eurocash（Dobry Wybór）
没有某种标识背书的特定品类品牌	Mercadona（BosqueVerde，Compy，Hacendado，Deliplus） Lidl（Formil，W5，Combino，VitaD'or，Milbona，Crownfield 等） Aldi（Tandil，Milsani，Golden Bridge，Moser Roth 等） Rossmann（Domol，Facelle，Flink und Sauber）
商店旗帜品牌或特定品类品牌旁边的专属标签	Leclerc（Nos Régions ont du Talent） Carrefour（Reflets de France） Conad（Sapori & Dintorni）
商店旗帜品牌旁的特定品类品牌	Tesco 专卖店的三级品牌（Eastman's Deli Foods，Hearty Food Co.，Butcher's Choice，Bay Fishmongers，HW Nevill's Quality Bakers，Grower's Harvest Stockwell & Co. and Creamfields）

总　结

在欧洲大多数国家，食品杂货市场由少数零售商主导，通过提供吸引顾客的自有品牌产品来建立顾客忠诚度是他们的战略核心。

消费者根据产品的内在或外在线索来评估他们对产品质量的感知。外在线索是与产品相关的，而不是实体产品的一部分。然而，内在线索代表了与产品相关的属性，如果不改变产品的物理属性，就无法操纵这些属性。

除了价格，质量是购买意向的主要驱动因素。缩小与知名品牌的感知质量差距是推动自有品牌销售的最有效策略，其次是加大价格差距。

购物者将他们对商店形象的感知与商店提供的自有品牌产品的质量联系起来。影响商店形象的因素是服务水平、邻近程度和分类。

然而，它也可能包括消费者可能与零售组织的联系。这些都与企业价值观密切相关，比如如何解决可持续发展问题和动物福利，如何承担社会责任，以及如何回应消费者的利益。

如果消费者积极评价零售商的质价比，认为它有吸引力，并与竞争对手相比，那么商店的形象将受到积极的影响。

使用一个自有品牌的经历会影响购物者对竞争对手商店中销售的其他零售商品牌的信任。考虑到这一点，如果零售商成功地说服消费者购买他店里的自有品牌而不是知名品牌，那么这也可能有利于竞争对手的自有品牌。

在命名自有品牌时，零售商可以选择独立品牌，避免商店名称和自有品牌之间的明显联系，也可以选择商店旗帜品牌，使用商店旗帜名称和标识清楚地显示其所有权。

今天，欧洲的大多数零售商遵循纯粹的商店旗帜品牌战略，为自有品牌背书。然而，混合策略和一些独立品牌策略也在使用中。

关于财务问题

更高的利润率

自有品牌产品的高利润率可以归因于各种因素，如商品成本较低、产品的独立定价或改变渠道领导地位的机会，有利于零售商。

更低的商品成本

对于大多数自有品牌产品，零售商的产品成本要比知名品牌低得多。此外，与品牌制造商相比，零售商在店内推广自有品牌产品的花费要少得多。品牌制造商将支持其产品在个人基础上建立品牌认知度，而零售商则将采取更全面的方法，专注于建立商店的品牌名称。

像 Pingo Doce、Auchan（欧尚）和 Migros 这样的主流零售商已经凭借自己的实力成为强大的品牌，完全被消费者接受和信任。他们已将自己的自有品牌转变为备受尊敬、管理严谨的品牌。通常情况下，对于一个特定的自有品牌产品，除了依靠某种商店促销支持外，其没有任何营销能力。这大大减少了整体营销支出。此外，零售商可能会为自有品牌提供更多更好的货架空间，从而以牺牲知名品牌为代价推动其销售。那些在自有品牌中拥有最高市场份额的零售商往往是那些自身已经成为强大品牌的零售商。大多数零售商都认识到自有品牌的利润潜力，并采用更青睐自有品牌的策略。

独立的价格

为了推动股东回报，零售商关注销售收入的增长和利润的增长。各零售商提供的自有品牌产品难以相互比较，这为独立制定定价策略和提高利润率留下了空间。对于自有品牌的定价体系，每个零售商都有自己的战略方法。对于三层策略，与品牌等价的价格相关的带宽通常取决于当地市场情况，并且可能因品类不同而不同。

2016 年初，研究人员对 9 个欧盟国家主流零售商的自有品牌价格进行了分析，这些国家自有品牌的市场份额很高。对于标准自有品牌，这个范围似乎比知名品牌便宜 19% 到 49%（九个国家的平均价格为 33%），而对于价值型自有品牌，价格甚至要低 51% 到 85%（平均价格为 62%）。

根据品类的具体情况，这个范围可以更宽。例如，在个人护理品类中，在自有品牌的市场份额相对较低（在大多数欧洲国家份额在 15%—25%），消费者标准的自有品牌和知名品牌之间的价格差距显著[1]。

对于高端自有品牌来说，这种比较更为困难，因为在许多情况下，可能根本不存在与之相当的知名品牌，或者其质量或包装完全不同。然而，IPLC的不同研究表明，高端自有品牌（"最好"层级）平均比同类的标准自有品牌贵 93%[2]。

相当于知名品牌，自有品牌的售价低于制造商品牌。然而，门店品牌的零售利润率在百分比和绝对现金利润率方面可能更高（不包括对知名品牌的促销支持），这是零售商以牺牲知名品牌为代价推广这类自有品牌的一个重要理由。下面的简化例

主流零售商自有品牌与知名品牌的平均价格指数

零售商	国　家	国内知名品牌	自有品牌相当于知名品牌	自有品牌价值
Albert Heijn	荷　兰	100	69	45
Tesco	英　国	100	51	15
Delhaize	比利时	100	63	35
Carrefour	法　国	100	69	49
Edeka	德　国	100	81	40
Carrefour	西班牙	100	75	48
Tesco	波　兰	100	62	41
SPAR	澳大利亚	100	65	41
COOP	瑞　士	100	66	31
	平均值	100	67	38

子表明，在这种情况下，如果零售商成功地让购物者从制造商品牌切换到自有品牌，总销售额将受到负面影响。然而，由于自有品牌产生了更好的利润率，利润将增加。

渠道领导力

毫无疑问，自有品牌对竞争产生了有益的影响，从而为消费者实现了更低的价格。自有品牌的引入改变了制造商和零售商之间互动的性质，因为它增加了竞争压力。因此，在供应条件方面，它加强了零售商与知名品牌制造商的谈判地位。

自有品牌提供了一个重塑与知名品牌之间的关系的机会，因为零售商可以自由选择自有品牌与店内其他品牌之间的价格差异。这使他们能够确定可以获得最大利益的知名品牌，并加强高端品牌和低端市场品牌之间的垂直竞争*。另一方面，品类分析可能揭示出新的自有品牌产品计划所解决的机会，并再次改变渠道领导地位，使之有利于零售商。

对自有品牌的品牌资产进行投资，可能会提高零售商的议价能力，并减少对品牌制造商的依赖。制造商品牌被暂时撤下货架，以增强零售商

销售额的减少

	市场占比	单位销量	价格（欧元）	总销售额	市场占比	单位销量	价格（欧元）	总销售额
自有品牌	25%	25	0.90	22.50	50%	50	0.90	45.00
制造商品牌	75%	75	1.20	90.00	50%	50	1.20	60.00
总值		100		112.50		100		105.00

结论：自有品牌市场占比每增长 25%，将会导致销售额减少 7.50 欧元（下降 6.7%）

可能会导致毛利率的增长

	市场占比	单位销量	毛利率（欧元）	总销售额	市场占比	单位销量	毛利率（欧元）	总销售额
自有品牌	25%	25	0.32	8.00	50%	50	0.32	16.00
制造商品牌	75%	75	0.24	18.00	50%	50	0.24	12.00
总值		100		26.00		100		28.00

结论：自有品牌市场占比每增长 25%，将会导致毛利率增加 1.50 欧元（上升 11.1%）

---

* 虽然公平地说，现在品类经理越来越受内部价格政策的束缚，但是如果产品种类在"清单"上，那么他们的价格必须与竞争对手的价格保持一致。

选择或失去

给品牌所有者增加压力的一个众所周知的做法是所谓的"选择或失去"挑战。如果在同一个品类中，在一个自有品牌旁边有两个或两个以上的知名品牌，并且自有品牌的条件优于竞争品牌，零售商可以通过从两个或两个以上的知名品牌中选择一个来寻求降低该品牌的商品成本，以获得品类排他性。这意味着，获胜的知名品牌将保留在该品类中，并占全部份额，而失败的品牌或品牌将被摘牌。这对零售商来说可能是非常有益的，因为除了降低商品成本外，自有品牌还可以增加销量。如果一个或几个知名品牌被摘牌，消费者的选择就会减少。

的谈判地位，这种情况并不罕见。虽然暂时抵制某一产品能否在谈判中取得突破还有待商榷，但只有那些货架上有质量良好的自有品牌产品的零售商，失去顾客的风险才会减小。然而，承认这种权力的局限性很重要。由于零售商必须响应消费者的需求，他们的议价能力在处理领先的流行品牌时被削弱[3]。

与知名品牌相比的价值细分

下页的瀑布图显示了自有品牌产品与其等效知名品牌产品的价值分解的简化模拟。有关产品是由荷兰零售商 Albert Heijn 提供的两种相同的家居清洁产品。虽然零售价格是根据实际情况计算的，但必须强调的是，这个价值分类中的所有其他因素都是估计值，可能并不完全符合实际。然而，根据自有品牌制造行业（包括家庭清洁品类）的经验，预计的相关因素估算能较好地反映实际情况。

生产及人工成本

与品牌制造商相比，自有品牌制造商的生产成本更高，因为生产运行通常更小、更多样化，这导致制造过程的效率低下。此外，在生产过程中更换新产品会产生原材料和包装材料的浪费。生产线必须适合根据零售商的要求进行定制生产，因此需要更多的工艺工程和维护。允许在最短的停机时间内更改其他格式的灵活性会导致更昂贵的生产设置。此外，机器停机清洗和重新加工不同的包装样式可能导致更高的成本。最后，由于产品组合的多样性，生产和原材料的补充和包装的计划是一项更复杂的任务。

包装及材料成本

品牌制造商通常只生产一种产品来适应整个市场。因此，其原材料和包装成本明显低于自有品牌制造商。对于后者，总产量分布在不同的产品和零售商。它们反过来可能对产品有特定的要求。产品的规

洗碗机专用清洁片价值比较（基于40片装）

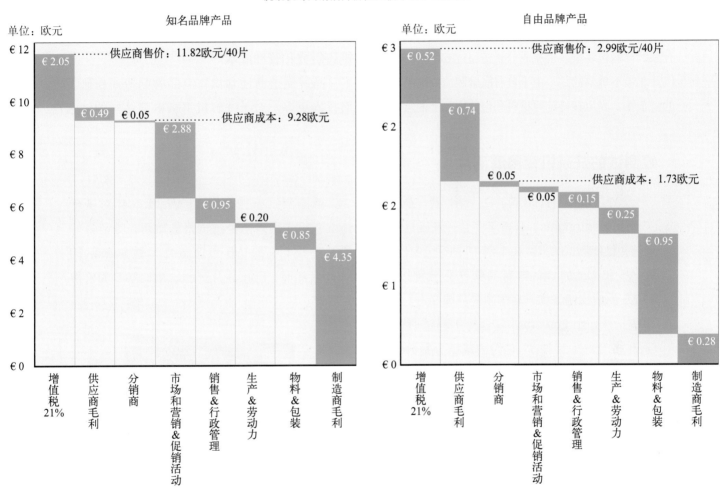

知名品牌产品

自由品牌产品

单位：欧元

供应商售价：11.82欧元/40片

€ 2.05
€ 0.49   € 0.05
€ 2.88
供应商成本：9.28欧元
€ 0.95
€ 0.20
€ 0.85
€ 4.35

增值税21%　供应商毛利　分销商　市场和营销&促销活动　销售&行政管理　生产&劳动力　物料&包装　制造商毛利

单位：欧元

供应商售价：2.99欧元/40片

€ 0.52
€ 0.74
€ 0.05
€ 0.05   € 0.15
€ 0.25
€ 0.95
€ 0.28
供应商成本：1.73欧元

增值税21%　供应商毛利　分销商　市场和营销&促销活动　销售&行政管理　生产&劳动力　物料&包装　制造商毛利

根据 Albert Heijn 2019 年 1 月 30 日的商店检查和 IPLC 估计：AH 多合一套装 2.99 欧元 /40 片（每片 0.07 欧元）；Sun 多合一套装 7.39 欧元 /25 片（每片 0.39 欧元）

格（原材料和包装）以及所购库存的碎片化，与品牌制造商"一包一箱"的方法相比，会增加成本。除此之外，对于自有品牌制造商来说，原材料和包装的订单量会比较小。零售商通常不允许他们的供应商的自有品牌订购包装量或独家成分涵盖超过 6 个月。最后但并非最不重要的是，由于自有品牌制造商产品组合的复杂性，固定在特定原材料和包装库存上的营运资本将显著增加。此外，供应商要承担原材料和包装的风险，一旦合同丢失，零售客户不愿支付剩余库存，那么这些原材料和包装可能会过时。

销售研究和管理成本

品牌制造商通常比自有品牌制造商在研发方面投入更多。对于洗碗机平板电脑这样的复杂产

经测试的洗碗机专用清洁片

2017 年 9 月，荷兰消费杂志《Consumentengids》公布了多合一洗碗机专用清洁片性能测试结果。在 1 到 10 的评分中，Lidl 的 W5 和 Aldi 的 Una 自有品牌产品分别以 7.9 和 7.5 的成绩明显优于全国领先品牌 Sun（联合利华）、Finish Powerball 多合一（利洁时）和 Dreft 多合一（宝洁），它们的成绩分别为 7.1、5.2 和 5.1 [4]。

德国测试机构 Stiftung Warentest 对多合一洗碗机专用清洁片测试报告显示，性能最好的片剂是 Lidl 的 W5 和汉高公司的 Somat 10 Multi。然而，Somat 片剂的价格比 W5 的价格高四倍。

供应商	品牌型号	每次清洁花费价格（欧元）	测试结果
Lidl	W5	0.07	7.9
Aldi	Una	0.07	7.5
Unilever	Expert extra	0.33	7.1
Reckitt Benckiser	Finish Powerball	0.23	5.2
Procter & Gamble	Dreft Original	0.34	5.1

品来说，情况更有可能是这样，这类产品的特点是创新速度很高，产品的新版本或改进版本会被定期上市采用。此外，品牌制造商的销售努力更加密集，因为必须在分销链的各个层次保持关系。另一方面，自有品牌制造商将只在中央采购层面建立和管理与零售商的关系，这就大大减少了销售人员的数量。

营销和推广成本

作为品牌所有者，零售商将投资于营销，以建立消费者偏好。由于净销售条件，自有品牌制造商通常没有额外支持的预算，营销成本也仅限于购买有选择性的市场数据。这与品牌制造商形成了鲜明的对比。品牌制造商根据自己在品类中的地位，必须投入大量资金来建立和维护自己的品牌，并通过店内促销来激活销售。

制造商利润

自有品牌的供应合同通常每年重新谈判一次，零售商为了实现可能的最佳价格，与制造商展开竞争。因此，自有品牌制造商的利润率仅为品牌制造商的一小部分。

总　结

与销售品牌产品相比，自有品牌让零售商获得了更高的利润率。

对于大多数自有品牌的产品，其成本要比知名品牌低得多。

由于各零售商提供的自有品牌产品难以相互比较，因此它们有独立制定定价策略和提高利润率的余地。

自有品牌的引入改变了制造商和零售商之间互动的性质。它增加了竞争压力，因此加强了零售商与知名品牌制造商的谈判地位。

自有品牌提供了一个通过重塑与知名品牌制造商的关系，进而获得渠道领导力的机会。

08 与品牌共存

多年来，在商超中权力的平衡已悄然发生改变。在过去，品牌制造商决定哪些产品将被摆上货架，而零售商往往没有太多的选择。多年来，零售商不仅要接受最低零售价格（且还必须维持该价格）并要接受供应的风险的。然而，由于自有品牌的激增，品牌制造商和零售商之间的关系已经从根本上改变了。如今，零售商对商店的业务可以进行详细的把控。

在货架上，零售商可以决定哪个品牌的产品将为消费者创造价值，并可以决定这些产品的品类和价格。稀缺的货架上有充足的空间分配给自有品牌，而品牌制造商则被要求支付上市费用以及大幅度的折扣。所以，自有品牌不只是与知名品牌竞争货架空间，还往往会设定价格上限，这会导致自有

品牌的利润率较低，并将价格保持在消费者更能负担得起的水平区间内。

这可能并不是符合品牌制造商的理想战略，但它确实引起了供应链中两个重要环节之间更好和更健康的平衡。然而，零售商不能没有那些知名品牌。就连 Aldi、Migros 和 Marks and Spencer 这些过去主要提供自有品牌的零售商，如今也有了越来越多的大品牌可供选择。

同时，为了贴近消费者，零售商要能够做到极好地洞察消费需求。而品牌制造商却往往无法捕捉到新产品开发的信号，或者出于某种原因，没有足够的兴趣对消费者需求做出回应。因此，致使那些零售商认为有潜力的产品（有时是整个品类）仍未被开发。为了测试市场上新的细分市场和品类，零

售商开始尝试使用自有品牌，特别是那些品牌制造商没有涉足的品类——零售商对这些待开发品类有着强烈的兴趣。

最好的例子是冷冻食品品类，包括即食食品、膳食成分、鲜切果蔬等产品。零售商在这个品类中发现了机遇——一个能为那些不喜欢或者没时间做饭的消费者提供便利的机会。通过提供各种新鲜切块蔬菜，Albert Hejin 解决了大品牌未开发的品类——预制菜。这一品类不仅被创造出来，而且已经发展成为市场上一个成熟的领域。在这个领域，那些知名品牌几乎并不显眼。例如，我们提到的冷冻速食类，自有品牌的价值市场份额往往非常高（例如，2017 年英国：93.5%，荷兰：75.8，比利时：76.5%。）

通过提供广泛的新鲜切蔬菜，Albert Heijn 解决了自有品牌烹饪品类

过去 10 年，折扣店渗透率的提高又不断提升了自有品牌的市场份额。在许多市场，主流零售商的反应是在折扣零售商达到一定门槛时降低自有品牌的价格。我们对英国市场数据的分析显示，这导致每个人的盈利能力都降低了。2015 年至 2018 年，英国折扣零售商提供的优质自有品牌导致主流零售商的优质自有品牌平均价格下降 0.102 英镑 / 件[1]。

货架的可见性

多年来，由于商店中优质自有品牌产品的扩大，使自有品牌的市场份额有所增加。这提高了消费者的接受度，也改善了他们对"物有所值"的看法。

比起降价，促销对推动品牌增长有积极作用。然而，最有效的驱动因素是自有品牌渗透率正在增加自有品牌产品的货架空间，并以牺牲知名品牌为代价来提高自有品牌知名度。由于该品类中自有品牌产品的范围增加，因此更多的货架渗透率已对自有品牌销售产生积极影响。假设商店的可用货架空间是有限的，自有品牌产品的增长必然导致知名品牌产品的知名度下降。

品类简述

尽管最初在一个品类中引入自有品牌似乎为消费者增加了可选择性，但最终它将以牺牲那些销售较慢的品牌为代价。在常规的品类评估中，零售商会找出销售较慢或利润较低的品牌，并将这些品牌撤柜，为自有品牌让路。自有品牌的渗透取决于知名品牌的实力和消费者的偏好。当自有品牌渗透成功时，它将与头部知名品牌一起占据货架空间[2]。

一个发展强大和广泛的自有品牌范围使零售商能够把控制造商提供的品牌范围。零售商将减少那些在品类中或对消费者失去意义的品牌，以扩大自有品牌的供应。自有品牌比二、三级品牌更能与强大的知名品牌竞争。因为后者通常没有头部品牌的营销支持，所以很难与自有品牌产品竞争。

由零售商知名声誉支持的自有品牌将以不太知名的二级和三级品牌为代价增长。此外，货架控制、店内营销和促销也有助于自有品牌成功进入。因此，自有品牌引入失败的风险相对较低，但同时也挑战了品牌的定价能力。

然而，正如零售商发现的那样，自有品牌分类的扩张存在局限性。直到 2015 年，在 Tesco 启动"重置计划"之前，英国主流零售商的自有品牌系列一直在以惊人的速度增长。然而，爆发性的折扣店的市场份额给他们敲响了警钟。

简单，是折扣店的关键词，这也反映在他们的产品分类上，限制在 2000 个单品以内，这大大减轻了消费者压力，毕竟太多的产品选择会干扰消费者购物行为。为了应对折扣店的增长，主流零售商开始将众多品牌撤柜摘牌，以简化它们的范围。零售商沉迷于"上架费用"，而不是提供产品，而这也回应了真正的消费者需求（参见第 5 章的"折扣魔法"）

品类审查可能会导致品牌单品减少，而不会对消费者的认知产生负面影响。这种审查可以减轻购物者的压力，增加客户满意度以及选择产品和商店的可能性。减少单品被普遍认为可以提高品类和商店的盈利能力[3]。

脱轨的品种规模

2015 年 IPLC 访问英国 Aldi 和 Tesco 时，对它们的商品分类进行了比较，发现两者在购物者的选择上存在惊人的差异。在大多数情况下，Aldi 作为一个有限范围的折扣店，只有一种自有品牌可以替代该品类中的市场领先品牌。然而，Tesco 在其品牌下提供了过多的产品。举几个例子：除了 Nutella 的榛子酱，Tesco 还提供了 14 种自有品牌的巧克力酱。它有多达 11 种 Fairy 洗衣液的自有品牌替代品，有 6 种 Sun-Pat 花生酱的自有品牌替代品。

"如果你去 Tesco，你会看到三到四个空气清新剂的货架。购物者在其中穿梭是很痛苦的。"

Kantar（凯度）的布莱恩·罗伯茨（Bryan Roberts）在《卫报》上说

2015 年初，Tesco 在其门店中提供了不少于 14 种的不同的自有品牌巧克力酱产品。到 2018 年底，这一数字已减少到 8 个[4]

与 Tesco 相比，折扣零售商提供的产品可选择性很少

产　品	Tesco 自有品牌单品数量	英国 Aldi 自有品牌单品数量
空气清新剂	228	12
大米	98	6
番茄酱	28	1
可乐	60	4
咖啡	283	20（5 个品牌和 15 个自有品牌）
洗碗机清洁片	26	3
铝箔纸	13	2
白面包	50	7

品牌防御策略

品牌制造商可以通过在内部提供更多的产品变体来保护自己免受自有品牌的威胁，而对现有的品类则可通过创新、产品变化和轮换，制造商可以分散商店货架，让零售商更难跟上或超越。这是许多全球品牌制造商所采用的行之有效的策略。他们试图通过引入新的口味、香味、配方、包装设计、大小或样式来不断地给消费者带来惊喜和诱惑。以宝洁公司为例，曾有一段时间，它在 Tesco 出售 10 种不同的 Fairy 洗衣液，而零售商只有其中四种自有品牌的复制品。接下来，它又增加了 3 种香味，从而为消费者提供了更多的选择。Tesco 认为仅复制现有品类能增加购物者的选择。更重要的是，通过提供独特的额外香水，可以培养消费者的忠诚度。

其他策略还有独特包装、品牌延伸（即品牌被用来引入新的品类，如玛氏冰激凌棒、亨氏猪肉香肠卷、Smarties 或吉百利巧克力酱）或联名品牌，即利用品牌为自有品牌代言（如 Knorr 为瑞士的 Coop 番茄汤代言或 Marmite 为 Marks & Spencer 的三明治代言）。

Tesco 削减商品系列以简化购物

2015 年 1 月，Tesco 宣布大幅减少在他们的商店里出售的产品数量。当时，这家陷入困境的英国超市的市场份额被 Lidl 和 Aldi 等低成本、低选择的零售商夺走，并决定将其 9 万种产品中的 25% 的产品进行削减。该公司希望通过减少库存来降低成本和价格，使购物更容易，并提高货架上的供应。商品减少也会让员工更容易补充货架，Tesco 也不太可能在昂贵的白天时间这样做。库存数量预计将大幅减少至 6.5 万至 7 万件商品之间。

根据 Kantar 的零售数据，平均每个家庭每年只购买 400 种不同的产品，每周只购买 41 种产品。

Aldi 和 Lidl 被描述为品种有限的折扣店，因为它们的库存产品不到 2000 种。这个小得多的数字给了他们很大的议价能力，使他们的业务更容易经营，这意味着价格可能更有竞争力。或者用零售咨询公司 Grocery Insight 的史蒂夫·德莱瑟（Steve Dresser）的话说："超市的产品种类与折扣店的真正区别在于，折扣店的商品种类更小，能够压低价格并提供快捷的购物体验。"

顾客喜欢只看一种番茄酱，知道它质量好、价格便宜，然后就把它买下来。这就是折扣店的优势所在，而在食品零售业中，这一点至关重要。

一些制造商扩大了他们的品类，并进入了他们以前没有出现过的开发领域

品类管理

由于自有品牌通常价格较低，人们普遍认为它们的增长应该会降低平均价格。然而，如果零售商使用商店品牌来区分不同类型的顾客，那么品类价格便会上涨。一些消费者在广告的吸引下会选择更昂贵的知名品牌，而另一些消费者则会选择一些物超所值的自有品牌。这使得零售商既可以提高那些知名品牌销售额和利润，也可以向以价格为驱动的消费者或有特殊兴趣的购物者销售各种自有品牌的产品[5]。

随着自有品牌市场份额的持续增长，有人担心知名品牌最终会变得多余。然而，自有品牌和知名品牌是互补的，因为知名品牌产生商店流量，从而支持零售商优化利润，并为消费者提供

选择。值得注意的是，品类自有品牌销售渗透率高和品类自有品牌市场份额大并不一定会导致品类盈利能力最大化。品类经理应该关注各自品类内的所有品牌，而不是过分强调自有品牌产品。尽管这些产品可能会增加零售商的盈利能力，但消费者更喜欢各种各样的商品，过度强调自有品牌可能会降低品类绩效。建议仔细评估每个产品品类中品牌和自有品牌的最佳组合。在长期战略中，提高整个产品品类而不仅仅是自有品牌的业绩必须成为品类管理实践的基本原则。然而，实际情况往往并非如此。尽管上述情况可能适用长期战略方面，但是大多数零售商只考虑短期，然后在以利润为中心和以销量为中心的战略之间摇摆。

联合利华和 Zweifel 等品牌制造商把他们的知名品牌名称借给了 COOP 的自有品牌

剖析自有品牌消费者

零售商在塑造品类时，应将自有品牌消费者和品牌消费者都考虑在内。根据 TreeHouse Foods 公司进行的消费者研究发现，购买自有品牌产品的零售消费者有不同的群体。

品牌忠诚者被认为很少购买自有品牌，而价值优化者则是传统的自有品牌购物者。由此得出的结论是，千禧一代的消费者对品牌或自有品牌没有真正的偏好。他们对品牌不忠诚、行为挑剔。他们期待更多的便利，通过网络购物来找到这些便利。他们更愿意在价值和质量之间寻求平衡，这使他们愿意尝试新事物，频繁更换品牌，以找到最适合他们的产品。

"对于千禧一代来说，追求性价比的购物方式是他们身份认同的一部分，因此自有品牌在他们的购物篮中扮演着关键角色。"

雷切尔·比斯乔普（Rachel Bischop），TreeHouse 食品公司零食部总裁

在未来的 5 到 10 年里，千禧一代消费者将成为整个市场中最大的消费群体。我们已经确定了 5 种消费者特征来细分购买自有品牌的购物者。

购买自有品牌的购物者特征

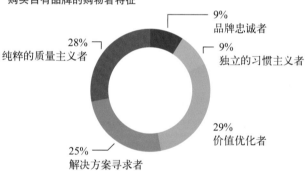

基于 TreeHouse Foods 确定的消费者特征细分，占自有品牌总支出的百分比

9% 品牌忠诚者（深蓝色）

如果价格差距很大，或者他们一直购买的品牌缺货，他们才会购买自有品牌。

9% 独立的习惯主义者（绿色）

这些购物者每次都买同样的产品。他们去同一

家商店，用同样的购物清单。他们在购物之旅中不会被打扰，因为他们已经决定了要买什么。这些购物者不会去看有哪些不同的选择。

29% 价值优化者（淡蓝色）

自有品牌的很大一部分消费群体是非常传统的购物者。他们会比较价格，关注同类产品。他们购物时很可能会列出清单，寻找促销优惠。他们有预算，并会尽量控制在预算之内，所以他们选择自有品牌，以便用更少的钱养家糊口。

25% 解决方案寻求者（橙色）

往往是千禧一代的母亲，她们对新事物和自有品牌非常开放。她们对品牌持怀疑态度，并热衷于节省金钱和时间。

28% 纯粹的质量主义者（朱红色）

知道想要什么的购物者。他们知道自己认为哪种产品对家人的健康最有益。他们会先看背面的标签，然后再看正面的标签。他们往往很富裕，对价格相当敏感。

解决方案寻求者和纯粹的质量主义者都是高级自有品牌消费者，尽管他们可能不知道，甚至不关心，或者不知道产品是否是自有品牌。通过这种消费者特征细分，零售商可以开发对不同群体有吸引力的产品系列[6]。

总　结

由于自有品牌的激增和零售商对企业进行了详细的控制，制造商和零售商之间的关系已经从根本上得到改变。

与此同时，由于贴近消费者，零售商能够很好地洞察消费者的需求，并捕捉到新产品开发的信号。

定期的品类审查是必要的，这可能会导致品牌单品减少，而不会对消费者的认知产生负面影响。自有品牌产品种类的扩展存在局限性，较小的范围可能会减轻购物者的压力，提高客户满意度，增加产品和商店选择的可能性。

品牌制造商可以通过提供更多的创新和产品变化来保护自己免受自有品牌的威胁。其他策略包括独特的包装、品牌延伸或联合品牌，即用品牌为自有品牌代言。品类自有品牌销售渗透率高和品类自有品牌市场份额大并不一定会带来品类盈利能力的最大化。因此，品类经理应该关注所有品牌，而不是过分强调自有品牌产品。

千禧一代的消费者对品牌或自有品牌没有真正的偏好。他们对品牌并不忠诚，行为也很挑剔。零售商在制定品类时，应该同时考虑自有品牌和品牌消费者。分析自有品牌消费者特征可能在这个过程中提供有用的指导。

权力平衡的转移

欧洲的零售商在食品供应链中具有强大的地位，供应商高度依赖他们，因为他们有权力决定哪些食品被出售以及以什么价格出售。在 15 个不同的欧洲国家，最大的 5 家零售商现在控制着一个国家的 50% 以上的食品零售。例如 2018 年，这 5 家零售商分别占据了德国市场的 67%，荷兰市场的 69% 和法国市场的 67%[1]。

由于国内和国际的扩张和整合，因此大型零售商获得了巨大的议价能力。此外，欧洲的采购联盟也出现了，如 EMD、AMS、Agecore 和 Coopernico 零售采购联盟。

零售采购联盟

这些联盟代表其独立零售商的成员进行集体购买，目标是通过对供应商的单个数量进行分组，从而从供应商那里获得利益和折扣。

采购联盟组织是横向的，通常是零售商从供应商那里采购的跨境合作。通过集中数量和利用他们的影响力，较大的购买群体可以帮助零售商获得比单独谈判更好的批发价格，进而获得更高的利润率。但也使零售商有选择性地降低零售价格，这反过来又增加了零售商的销售额[2]。欧洲的采购联盟日益活跃，已成为零售业的主要力量。随着零售业的进一步整合，不断增长的折扣行业导致了价格竞争的加剧，零售商正在通过加入购买集团或创建购买联盟寻找新的方式来参与价格竞争。

欧洲第一批全国性的采购联盟可以追溯到 20 世纪中期。1956 年成立的荷兰采购联盟 Superunie

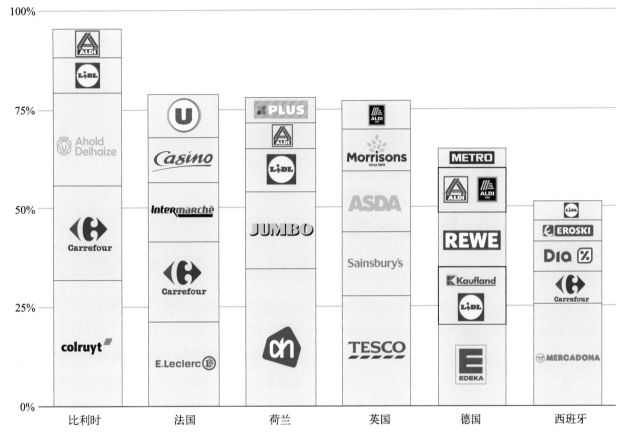

2018年按国家/地区划分的市场份额前5名零售商

基于 Gondola、Nielsen、Kantar 和 Retailytics 数据公司的数据

就是一个例子。自 20 世纪 80 年代和 90 年代以来，采购集团已经发展成为更大的国际联盟。从本质上讲，采购集团是零售采购联盟，通过捆绑采购来提高其成员的议价地位和竞争力。

零售采购联盟通常每个国家只有一名成员，以确保成员不是各自国家零售市场的直接竞争对手。

因此，零售商避免给人留下共谋行为的印象，或超越国家竞争主管部门或欧盟委员会（欧盟层面的超国家竞争管理机构）设定的市场份额门槛。一些零售采购联盟拥有全国性的采购团体成员，如 EMD（即 Superunie，Markant 和 United Nordic 联合）。批发商也可以是零售购买联盟（即 Booker 或

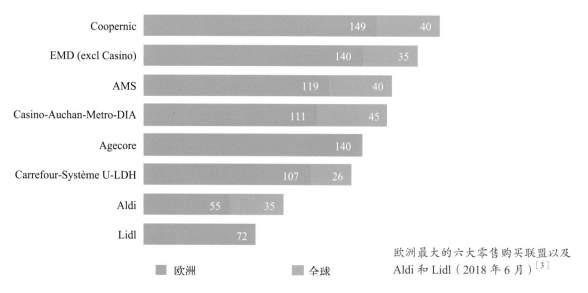

购买联盟消费者消费数据

Coopernic	149	40
EMD (excl Casino)	140	35
AMS	119	40
Casino-Auchan-Metro-DIA	111	45
Agecore	140	
Carrefour-Système U-LDH	107	26
Aldi	55	35
Lidl	72	

■ 欧洲　　■ 全球

欧洲最大的六大零售购买联盟以及 Aldi 和 Lidl（2018 年 6 月）[3]

Metro）。他们可以通过向特定国家的不同超市销售商品来促进更广泛的市场准入，并在购买和分销自有品牌产品方面发挥重要作用。

实际上，在欧洲零售市场上采购联盟规模小于欧洲最大的零售商，因为通过联盟采购的数量只占其成员总采购量的有限份额。根据 EMD 董事长菲利普·格鲁伊特（Philip Gruyters）的说法，单个零售成员通过采购集团采购的数量不超过总数量的 5%。事实上，并不是所有的成员都参加了所有的联合采购项目，联盟并不采购其成员库存的全部产品[4]。

在提高零售商业绩方面，一些联盟比其他群体做得更好。属于同一联盟的不同成员并不总是从其成员身份中平等受益。平均而言，联盟采购确实为

其成员带来了规模优势，并降低了商品销售成本。然而，规模越大并不总是越好。当联盟采购在成员规模方面更加多样化时，零售商则从团购规模中获益较少。此外，相对较小的成员赢得最少，因为他们必须与较大对手的产品规格保持一致[5]。

采购联盟可能是分散和复杂的结构，这可能阻碍有效的决策和对市场机会的快速反应。如果联盟有很多成员，情况尤其如此。此外，文化差异和语言障碍也是一个挑战。鉴于此，一个采购联盟将无法成功地复制折扣零售背后的模式。值得注意的是，联盟组织的驱动力之一是增加购买量，从而缩小与主要折扣零售商的价格差距。然而，在实践中，他们甚至无法接近 Aldi 和 Lidl 采购的实际数量。举个例子：德国自有品牌制造商 Dalli Werke

是一家做家用清洁用品、洗涤剂和个人用品的供应商，每月运送 3 万个物流拖箱到 Lidl。而 Lidl 在欧洲经营着 10000 家门店，这相当于每间店平均每周销售 3 拖箱产品。任何联盟成员对自有品牌都有着诸多规格或者其他要求，而这种多样性将导致自有品牌供应商产量显著降低，因此销售条件不那么具有吸引力。

2018 年 7 月，Carrefour 和 Tesco 宣布建立长期战略采购联盟。该联盟于 10 月开始运作，涵盖了与全球供应商的战略关系，联盟采购自有品牌产品和非转售商品。这种战略关系将为期 3 年。

那么，为什么像 Lidl 和 Aldi 这样的零售巨头没有加入过零售采购联盟？原因可能是他们自己有足够的筹码，当与供应商谈判时，不必做妥协，而地区和文化差异在联合采购中盛行。另一个原因，可能是他们不愿意向其他联盟成员分享供应商那些具有竞争力的信息。

欧洲联盟的主要重点是满足各类消费者需求，提供多样化产品，并为各种国际品牌和自有品牌在意大利面、橄榄油、罐装水果和蔬菜等主要产品贴标签。

零售联盟的重要性日益增加，并对零供关系产生了重要影响。这种联盟采购过程已从主要的国家参与层面转变为更多国家参与进来的国际活动。跨国零售商和跨境联盟的目标是交换信息、比较价格，这种模式适用于不同零售企业以一种统一模式合同进行与供应商的谈判。

这一结果对大型零售商尤其有利。他们凭借国内零售市场的主导地位以及国际联盟的成员身份，使他们能够与供应商谈判，并改善贸易条件。这加强了他们竞争优势，导致零售层面的进一步整合。这个过程是一个良性循环：最大的零售商利用他们的规模和市场份额与供应商讨价还价，这反过来又使这些零售商为了消费者的利益，有选择地降低价格[6]。

与此同时，折扣零售商也在蔓延，比如 Aldi 在整个欧洲扩张，而 Lidl 开始进入其他国家或布局如波兰的 Biedronka 模式的新的本地折扣店。这些举措创造了一个少数的有实力的买家市场，可以与许多供应商进行对接。这就是所谓的"准市场垄断"。

零售商的"市场守门员"角色

食品供应链中的参与者数量因国家而异，但荷兰食品零售市场的沙漏模型大致适用于欧洲所有国家。该模型表明，食品类产品流通模式是：少数供应商先从大量农民那里收购食品，继而供货到少数零售商，最后到达数百万消费者手中。以荷兰为例，一系列产品运转流程主要由一个 Superunie 的全国性采购集团负责，这个集团是一个拥有 5 家地区性家族超市而组成的联盟组织。这意味着这 5 家公司有效地控制了几乎所有的食品零售，这就是所谓准买主垄断。零售商每年都会就自有品牌的供应合同进行重新谈判，尽管长期合同和合作的趋势有所增加[7]。

"准市场垄断"

在大多数情况下，邀请现有供应商和两三个符合条件的备选供应商对投标请求做出答复。本文件概述了产品和包装规格、数量和其他条款和条件，并向潜在供应商介绍情况。

自有品牌市场可以被定性为准市场垄断的市场。这是一种非常强大的少数买家团与众多供应商互动的市场形式。一个买家垄断模式是垄断的镜像，在垄断中特定的产品或服务只有一个供应商。垄断市场缺乏经济竞争，而准市场垄断则会导致非常激烈

的竞争。这在自有品牌市场尤为明显，因为几乎所有品类的制造业都存在产能过剩。这在强大的买家和其自有品牌之间建立了一种特定的关系供应商。在许多情况下，由此产生的买方权力使单个买方能够影响或几乎支配与上游供应商的贸易条款，特别是当自有品牌供应商通过其他渠道（外部选择）接触消费者的选择很少时。在超市领域，买方实力非常高，因为他们也有能力在下游市场——他们自己的商店销售产品。最大的零售商或采购联盟与分散的供应商谈判合同的议价能力大大提升[9]。

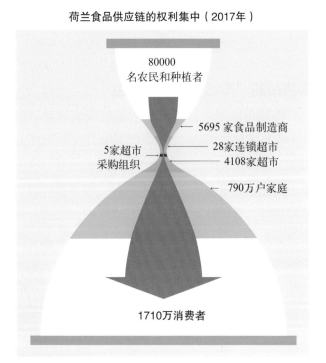

荷兰食品供应链的权利集中（2017年）

80000
名农民和种植者

5695 家食品制造商
28家连锁超市
5家超市
采购组织
4108家超市

790万户家庭

1710万消费者

IPLC 基于 PBL 版本的编辑版本；
荷兰环境评估局[8]

议价能力

制造商依赖零售商去获取消费者。有时，零售商会凭借"市场守门员"的地位来获得不公平的优势。因为制造商跟零售商签订供货合同，往往占制造商总销售额的很大比例。而对于零售商来说，一份订货合同可能只占其整体业务的一小部分。这大大提高了零售商议价能力。对于制造商，在两者之间切换分销渠道是一道普遍又昂贵的难题[10]。供应商通常不愿表达自己对于这种不平衡的观点和意义。他们默默忍受这种不公平的待遇。

以下几个因素将提升零售业讨价还价的能力：

• 只有少数零售商，却在供应商那里占了很大的销售比例；

• 有能力退市并转向其他自有品牌供应商；

• 通过提供货架空间控制与消费者的接触（守门员角色）；

- 有能力将品牌除名，转而使用自己的自有品牌（如果没有首选品牌，消费者更倾向于更换品牌，而不是更换商店）。

在竞争市场中，讨价还价的能力往往导致效率降低和更低的价格。零售商通过议价能力获得的超低价才有可能让消费者受益，才能增加消费者对自有品牌的接受度和忠诚度，而这又进一步增加了零售商的议价地位和市场力量。超市的规模不断扩大，能够为客户提供的产品数量增加，因此，他们的自有品牌价格也更低。

有人担心，零售商可能与农产品加工业直接竞争，并从中获得不公平的利益。一方面，他们控制着货架、店内促销和品牌商品和自有品牌商品的定价。另一方面，他们不断地与各种品类供应商进行谈判，并详细了解他们的商业条款和引进新产品的计划。

不公平的优势

零售商通过与自有品牌制造商的密切合作，已经学到了很多东西，包括关于产品、质量和包装的知识。一些零售商希望他们的自有品牌供应商能分享一份完整而详细的产品规格、产品和包装的价值明细。因为这可以让零售商详细了解产品的成本价格、原材料和包装以及制造成本的特定价格等信息。

零售商除了充当了品牌制造商的分销商这种纵向关系，零售商还通过提供自有品牌增强了与品牌竞争的横向竞争力。欧盟食品供应链的竞争力和自

有品牌的作用一直是人们感兴趣和争论的话题。由于零售商在这种纵横向的竞争力上都发挥了强大作用，因此零售商是一个守门员角色，它控制着直接接触消费者的最重要渠道。在与供应商的关系中产生的市场力量被用来提高自身的地位和盈利能力。

信息不对称

另一个争论问题是信息不对称，因为零售商可以获得机密信息，毕竟品牌制造商需要向零售商通报新产品开发、计划推出的产品和价格。他们必须分享这些信息，因为关于产品上市的决定必须提前很长时间做出。零售商作为客户合法地获得这些信息，但在很多情况下，他们可能会更出于竞争的原因而使用这些信息（纵向竞争）[11]。这使得自有品牌的规划、促销和定价成为可能。利用这种内部信息，零售商比其他品牌制造商具有战略竞争优势，并且能够在品牌竞争者做出反应之前就推出自有品牌。

在过去，零售商开发山寨产品的策略可以被认为是搭了领先品牌产品的研究、开发、营销和广告的便利车。从消费者的角度来看，这可能会产生负面影响，因为它最终可能会阻碍品牌制造商开发和推出新产品的进度。

质量侵蚀

大型零售商的经营规模和他们对购买过程的控制导致了一种情况：他们可以向生产者规定条款和条件。有时还会使用抵制和摘牌等残酷手段来改善合作

条件和合同。因此，我们很难确定零售商是否滥用了他们的支配地位。更难确定的是，当零售商可以提供更便宜的替代品时，这是否损害了消费者的利益，因为买方的力量通常被认为有利于消费者的福利[12]。

零售业的权力失衡确实引起了一些担忧。一方面，制造业在许多产品品类有产能过剩的现象；另一方面，零售的集中化给自有品牌供应商的定价和利润方面造成了巨大的下行压力。如今，基于电子数据表格的谈判往往是现实而艰难的，潜在的供应商之间以一种不妥协的方式相互竞争。一位行业专家将其解释为"采购人员面临着提供品类结果的压力，但他们的工作内容并不包括保持友好"[13]。零售商整合的过程已经对制造业产生重大影响。在竞争市场中，议价能力通常会带来高效和较低的消费价格。然而，零售力量的发挥也会产生负面的副作用。例如，零售商片面地关注价格，再加上有时缺乏产品知识，可能会导致未被发现的质量侵蚀。

> "采购人员面临着提供品类结果的压力，但他们的工作内容并不包括保持友好。"
>
> 大卫·塞布尔斯（David Sables），供应商咨询公司 Sentinel Management Consultants 的负责人

农产品的价格可能非常不稳定。在合同期限

内，对于自有品牌制造商来说，将增加的原材料成本转嫁给零售商，这是不可能的。买家天生就会拒绝任何增加成本的要求，所以如果商品价格飙升，供应商有时就会被迫消化这些成本，这就为降低质量提供了另一个理由。在 2013 年的马肉丑闻中，供应商就是走了这样一条"捷径"。

自有品牌供应商不应以低于成本的价格销售。然而，当供应商与零售商谈判时，过度的权力被施加。如果没有可替代的分销渠道，供应商可能会被迫以近乎亏损的价格销售[14]。如果出现这种情况，制造商可能会受到诱惑，积极寻求进一步降低整体产品的成本，并将压力压回供应链。农民、养殖者、渔业、原材料和包装供应商都将感受到这股压力。最终，这可能会对所供应产品的质量产生影响。

在英国，国会议员最近抨击了超市没有解决供应链中侵犯人权的问题，呼吁结束"现代奴隶制"。根据他们的说法，该行业的两大变化可能会使情况变得更糟。首先，由于过度合并，各大超市议价能力提高。无论是 Tesco 和 Carrefour 的合作，以及 Sainsbury's 和 Asda 计划中的合并，都将给供应商带来更大的价格下行压力。其次，英国脱欧一再被公众认为会导致食品价格下降。这可能会带来可怕的代价：食品标准、食品安全、动物福利、环境保护的下降，以及对全球工人的持续剥削[15]。零售商们非常关心他们的品牌价值，他们引入了食品欺诈和安全检查制度，但他们无法检测分散在供应链

中的工作条件是否受到损害。这意味着，对价格的关注可能会导致无法发现的道德交易问题。

零售商利用在供应谈判中收集的知识，从品牌制造商那里获得更好的购买条件，并获得渠道领导地位。零售商可以通过对各种报价进行更详细的比较，能够估算出产品实际成本价格。换句话说，通过比较，零售商可以了解品牌制造商对其销售、研究和营销成本以及利润收取的加价。

在价格压力使生产者别无选择只能降低产品质量的情况下，质量侵蚀这种情况就很可能发生。在被发现的风险是有限的时，这种情况更有可能发生。虽然不能说这是一种普遍的做法，但食品品类自有品牌市场有力地说明了可能发生质量侵蚀的情况。因此，零售商应该注意加强他们的质量控制系统，因为如果不这样做，不仅会伤害最终的消费者，削弱其对零售商所提供自有品牌产品的信任，而且最终会减少自有品牌产品销量。零售商以牺牲质量为代价追求利润的做法可能是限制自有品牌增长的一个因素。

价值工程

对自有品牌的包装或产品进行重新设计（价值工程）可能是制造商避免潜在亏损并维持盈利能力的唯一选择。根据产品和消费者注意到的变化程度，质量下降的风险迫在眉睫。在这种情况下，降低价格不会给消费者带来预期的好处。尽管顾客付出更少，但得到的也更少。

自有品牌产品的质量侵蚀可能以两种不同的方式实现：一方面，它可以是由零售商和供应商共同商定的；另一方面，它可以是制造商主动提出的结果，而零售商既不知情也不知情。所以约定质量侵蚀，可能需要各方的协调努力。

共识中的质量侵蚀

零售商和供应商降低了价格产品，这很常见。零售商试图匹配零售价格，以折扣价产品作为主流卖点。然而，他们既缺乏数量，又缺乏低成本，能操作折扣产品唯一的办法就是降低质量。许多研究结果支持了这一公认的质量侵蚀。在 Lidl 所有的产品研究中，物理质量和包装质量似乎是相同的，但知名品牌产品水平更高，反之 Lidl 提供的大多数自有品牌质量并不如知名品牌产品[16]。

这绝不意味着产品安全受到威胁，在许多情况下，更昂贵的产品成分被减少了，这都在成分表中清楚地说明了。例如：草莓酱中水果含量较低，花生酱中花生含量较低，巧克力棒中榛子含量较低，新鲜三文鱼沙拉中鲑鱼含量较低。同样，零售商选择了质量较低或价格较低的包装，如印刷颜色较少，简单的标准玻璃罐，不印刷的瓶盖或没有拉环的罐头。在这种情况下默许的质量侵蚀可能提供一种互利的解决办法。

未被发现的质量侵蚀

当制造商面临价格下降的压力，而保持继续合作的唯一方法就是以接近或低于成本价销售时，可能会出现更严重的情况。"价值工程"可能是制造商维持盈利能力的唯一选择，如果零售商没有适当地控制系统，质量下降可能仍未能被发现。接受不现实条件的制造商可能会受到诱惑，对其产品进行价值设计，这是一种风险，这才是值得关注的问题。一流的供应商是那些有明确的战略和程序来将不盈利的业务排除在工厂之外的供应商，因为这些供应商无疑知道何时退场更明智。

很少有零售商和第三方服务商允许制造商增加他们的价格，这些是由于英国脱欧的不确定性所导致的汇率问题造成的。一些制造商认为他们必须保留合同，而这些措施都推迟了投资，这不利于维持可持续发展制造业。制造商可能会被迫偷工减料，购买从更便宜的生产来源获得的材料，零售商更容易受到欺诈[17]。如果企业的盈利能力和生存能力受到严重破坏，就有可能引发质量侵蚀。这种情况在自有品牌制造商中并不少见。

购物者的洞察力

与品牌制造商相比，零售商在获得消费者洞察力方面有竞争优势。他们可以走进消费者的生活，销售点的数据和积分卡给消费者，也给了零售商实时洞察客户行为的机会。零售商通过使用这些信息在最重要的时刻可以连接购物者，尤其是当消费者在商店里。此外，零售商已经做到了控制卖场，既在货架空间方面分配，视觉营销和推广。这提供了

额外的机会来确定营销传播的性质和范围与自有品牌的关系[18]。因此，在寻求了解消费者需求和如何回应这些需求方面，零售商已经发展成为品牌制造商的强大竞争对手。他们问自己这样的问题：为什么购物者会选择我们的商店？他们期望什么？我们怎样才能满足他们并说服他们选择我们的商店？提供自有品牌产品则部分回答了这些问题，并有助于零售商建立顾客忠诚度。

支持中小型公司

众所周知，零售商提供的自有品牌增加了消费者的选择，使食品的价格更实惠，因此有助于对抗通货膨胀。此外，竞争压力施加在品牌领导者身上，通常会降低他们的商品价格。其品牌（即商店名称）的良好声誉被用来为其提供的自有品牌背书。这些就可以利用规模经济，实现成本节约，推出自有品牌，而无须为特定产品投入广告。自有品牌可以在由领先品牌主导的品类中提供重要的竞争平衡。在这样的情况下，其他品牌可能会发现与市场领导者竞争的成本太高，风险太大，而自有品牌可能不会受到这样的限制。通过这种方式，他们促进了更多产品进入市场[19]。

许多中小型公司（SMEs）无法自行分配打造品牌的预算，所以他们根本无法与那些头部品牌相竞争。通过选择自有品牌的方式进入市场，他们仍然向更广大的公众生产他们的产品，而无须投入大量的营销成本。事实上，这已经证明了欧盟内部市场运作得

有多好：自有品牌使得许多中小型公司可以将产品出口给国外市场的零售商。在 SME 商超联盟的支持下，自有品牌的产品有其知名度和建立消费者信任。通过允许中小企业以自有品牌的方式供应产品，零售商支持他们的生存，甚至在品牌竞争激烈和积极创新的品类中发展。事实上，素食、免费、环保、动物福利的自有品牌等细分市场是中小型公司的专属领域。

　　零售商声称保护小型制造商的另一个例子是地区原产地产品。供应这一细分市场的制造商从根本上缺乏生产和维护属于自己的品牌的能力。然而，零售商允许其以自有品牌供应特定产品，则为他们提供了一条有利可图的市场途径。与此同时，零售商可以根据当地购物者喜好，在他们的商店里创造一系列独特的产品。区域性的自有品牌产品如 Nos Régions ont du Talent（来自法国的 Leclerc），Close to the Greek Land（来自希腊的 Vassilopoulos）和 Gusturi Românești（来自罗马尼亚的 Mega Image）

为保护文化、烹饪传统以及当地手工制作方法等方面做出贡献。在某些情况下，零售商支持小型制造商能提高其质量标准。

希腊零售商 Vassilopoulos 在 "Close to the Greek Land" 的自有品牌系列下提供一系列的区域性产品

总　结

　　由于国内和国际的扩张和整合，大型零售商获得了巨大的议价能力。如今，5 家最大的零售商在 15 个不同的欧洲国家控制了其全国食品零售业 50% 以上的市场份额。

　　自有品牌市场可以被描述为一种准市场垄断的市场形式，在这种市场形式中，少数非常强大的买

家与许多供应商互动。

　　强大的买家与其自有品牌供应商之间的特定关系往往使零售商能够影响或几乎支配与上游供应商的贸易条款。

　　零售商对价格的片面关注，加上有时对产品知识的缺乏，可能会导致未被发现的质量侵蚀的道德

交易问题，这是一种负面影响。

在价格压力使生产者别无选择只能降低产品质量的情况下，质量侵蚀很可能发生。采购集团已经发展成为规模更大的国际联盟。从本质上讲，采购集团是零售采购联盟，将采购捆绑起来，以提高其成员的议价地位和竞争力。

大型零售商在国内市场的主导地位和国际联盟的成员资格，使他们能够与供应商谈判改善贸易条件。这就创造了一个只有少数强大买家与众多供应商互动的市场，即准市场垄断。

10 供应商和零售商的关系

在前一章中，我们描述了食品供应链中的力量平衡在过去几年里是如何变化的。自有品牌市场的准市场垄断特征导致了非常激烈的竞争，零售商处于几乎支配上游供应商的贸易条件的地位。没有很多可选择的渠道来接触消费者。自有品牌制造商别无选择，只能遵从。我们总结说，自有品牌供应商通常不愿意表达他们对这种不平衡的看法，这意味着在日常的基础上，他们在默默忍受。

2017 年初，IPLC 进行了一项研究，即从自有品牌供应商的角度来更好地了解欧洲市场的情况。为此，IPLC 采访了 16 个国家 113 家制造公司的高级管理人员。他们中的 94% 同时供应了折扣零售商和零售商[1]。该研究特别关注制造商和他们的

主要零售客户之间的关系，涉及合作、沟通、创新、质量管理、谈判过程和供应链等关键领域，目的是创建一个参考标准来让零售商们从制造商的角度理解问题。

接受采访的公司列出了一系列与零售客户关系的瓶颈并提出改进建议。下面我们将阐述提出的几点，其中一些是相互关联的。

联系人的更替

一个经常被提及的问题是由于频繁的卖家和品类经理更替，而造成的专业知识的流失和现有项目的连续性的中断，使得建立良好的工作关系变得十分困难。再加上产品、品类或市场知识有限，导致会议有些"冷场"，只关注数字。与缺乏

经验、无视质量和服务、只做短期决策的人打交道被认为是一种挑战。此外，围绕原材料、产品特性、感官评价和质量的讨论有时会变得复杂甚至不可能。有人认为零售商应该明白，不断变换的旋转木马可能会浪费宝贵的时间和精力，从而导致次优的结果。

"零售商们解释说，年轻有为的经理们必须定期得到新定位，这样才能让他们满意。零售商希望供应商为他们提供正确的信息和培训"

事实证明，零售商并不重视将自有品牌供应

视为商业合作伙伴。缺乏相互信任，阻碍了两者之间成功的合作关系。在这方面，Lidl 和 Aldi 等折扣店采取了不同的方法。采购、董事和员工往往会多年保持不变，这让他们能够建立对产品和市场的知识和理解。他们对产品品类有深入的理解，并采用更协作的方法来支持知识转移。

决策

供应的一个主要问题是零售商的决策过程被认为太长，涉及的部门太多。更复杂的是，每个部门的目标并不总是一致的。这导致了决策混乱，甚至不清楚谁是最终决策人。此外，与大多数大型组织一样，内部政治使本已混乱的局面进一步复杂化。受访者认为这从外部来看，零售商们似乎很难管理

针对问题"与零售客户合作的瓶颈是什么？"的八大自发答案

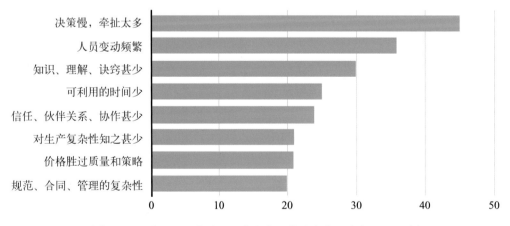

（采访了 16 个欧盟国家的 113 家自有品牌供应商，答案不止一种）

内部流程，内部沟通混乱。虽然这导致了大量的讨论，但个人似乎也经常避免了承担责任，这使得结果不可预测且不一致。另一个被报道的问题是，决策权最终掌握在零售商更高级别的员工手上，这进一步减慢了整个过程。一些受访者提出的最后一点是，零售采购联盟的参与增加了内部政治因素和整个过程的复杂性。

同样，折扣店在他们的决策过程中被认为是更快和公开透明的，这得益于买方对整个过程和与供应商的关系负有责任。

> "通常在项目开始时，由于构想或方法的复杂性，我们会在讨论细节时浪费大量时间。这通常会在临近发行日期时造成巨大压力。"

沟通

受访者的一个共同主题是，零售商的员工似乎一直都有很高的工作量，甚至到了超负荷的地步。这导致供应商报告说，即使在日常操作问题上，也很难联系到他们的联系人。许多人表示，他们认为这是两方关系中权力失衡最明显的地方。因此，更多的信息共享和更好地沟通将为双方带来更好的结果，从而产生双赢的局面。

受访者还认为，他们的零售商合作伙伴普遍缺乏对经营自有品牌生产的复杂性的理解，导致他们对可能发生的事情抱有不切实际的期望。

合作和信任

供应商表示，他们必须经常与年轻且缺乏经验的经理打交道，这些经理只专注于建立自己的职业生涯，而不是他们的品类。由于缺乏开发品类的知识或技能，他们往往不愿意听取建议或向供应商寻求帮助。许多供应商认为这是一个错失的机会，因为他们希望零售商成功。然而，折扣店再次以一种不同的方式解决这个问题，即采取一种长期的合作方式，使折扣店和供应商都受益。受访者认为，折扣店将供应商视为专家，并尊重他们。受访者还认为，零售商最关心的是"我们是否以最低的价格进行购买"，而不是建立一个品

> "如果我们成功地建立了基于信任的关系，似乎一切都将变得更加顺利。我们有一个共同的目标。我们曾经和我们的零售客户进行过以此研讨会，以解决一个重大的信任问题。在这次活动之后，我们的合作有了很大的改善并且现在我们实现了接近 100% 的交付率。"
>
> *乔纳斯·凯尔加德·彼得森（Jonas Kærgaard Petersen），北欧 Nopa 的首席运营官*

类。一些人还表示,这抑制了创新。许多受访者还指出,零售商经常出乎他们的意料,提供一系列额外的服务,包括设计费用、分析、审计、对不良物流表现的报告处罚以及延长付款期限。最新的焦点是对未交货的罚款,一些人认为这只是一种筹集资金的方式。

质量和价格

当被问及质量时,许多受访者认为质量很少是零售商的主要关注点。但价格往往是首要的问题,特别是当零售采购联盟参与进来时。被忽视的不仅仅是产品的质量,还包括供应商可以带来的附加价值的质量,如品类洞察力、创新和其他被忽视的技能。电子表格采购排除了这些附加价值的元素,只考虑价格这一最小公分母,许多受访者认为这是有损品类的发展和增长的。许多供应商发现,随着零售商使用认证机构,食品安全领域也在不断扩大。虽然支持食品安全的概念,但许多人认为使用这么多的机构只会增加成本和复杂性,而不会在食品安全方面有任何实质性的进步。正如他们中的许多人所说的那样:最终只有价格取胜。

作为一家咨询公司,我们与世界各地的自有品牌制造商紧密合作。在自有品牌的年度合作谈判中,对价格的片面关注是他们的最关心的问题之一,再加上对产品质量的认识不足,这一过程可能不会为零售商带来预期的结果,即与品牌基准质量相同的产品。其中一个例子就是生长在印度的腌黄瓜。如果没有建立作物保护和质量控制制度,果蝇幼虫可能会侵扰作物和产品。通过不完善的作物保护计划节省成本的农民可能会侥幸逃脱,但以低成本采购产品的零售商可能会遇到严重的质量问题。从外观上看,这可能与未受污染的小黄瓜没有明显的区别,但幼虫很可能已经进入了水果。一家零售商发现了这一点,因为整批供货的小黄瓜都出现了虫害,客户投诉不断。召回的代价十分高昂,而且在采购新货期间没有替代产品。除此之外,该零售商未能因退货而获得退款。

供应链管理

人们普遍认为,在预测、规划和宣传等方面可以有所改进,有很大比例的人说目前这方面的管理不完善。这导致生产效率低下,后期的订单以高成本生产,并因未交货而受到惩罚。供应商如果将这一点录入他们的系统,就会失去效率。许多受访者认为这是他们必须关注的一个领域,还有一些人谈到了需要与零售商的供应链团队建立强有力的关系,以更有效地合作计划供应链。

该研究报告通过领英 LinkedIn(分享次数超过 10000 次)、IPLC 时事通讯和新闻稿向公众免费发布,并获得了欧洲主要贸易杂志的广泛报道。我们感到惊讶的是,大量的积极回应不仅来自自有品牌制造商工作的经理,也来自在零售业工作的经理们。双方的管理者都明确支持研究的结果和结论,证实了事实正是所描述的那样。

供应商的关注和建议

尽管受访者提出的一些建议可能是主观想法，且在市场环境严峻的情况下是不现实的，但在大多数访谈中，一些有趣的反馈却是一致的。

> "我们为我们的一个主要零售客户制定了一个完整的计划，基于对该品类的突破性设想。他们对我们表示感谢，并进行了招标。"

主要的主题是，商业关系是非常片面的，有利于零售商，尽管在折扣渠道，似乎有更多的平衡。另一个关键的主题是，大多数零售商的战略似乎非常关注短期，这不支持长期合作。当被问及自有品牌制造商将在他们的愿望清单上提供改善贸易关系，有以下几个关键点：

- 提高了供应商面临问题的理解；
- 以更加开放的态度建立信任和伙伴关系；
- 信息共享；
- 更加公开透明，特别是在新产品开发和产品发布的时间安排方面；
- 更多地参与创新和产品开发过程。

实施一种开放的贸易关系是很好的做法，专注于以协作的方式建立品类。这反过来又导致供应商愿意进行长期投资，而不再进行招标和电子表格采购。

受访者还要求更多地参与包装设计阶段。人

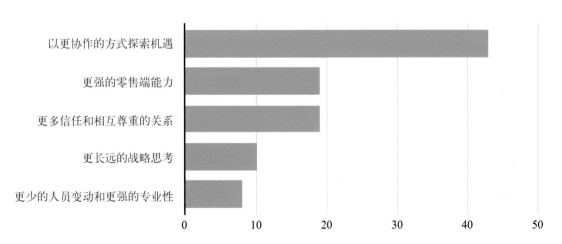

针对问题"您希望看到与零售客户的关系发生什么变化？"的五大自发回答

（采访了 16 个欧盟国家的 113 家自有品牌供应商，答案不止一种）

们认为，包装设计在分类的基础上有时很糟糕，供应商希望有机会在前期提供建议和指导。人们曾多次担忧过零售商定期更换人员的成本。这将导致出现零售商和供应商的成本后果，即长期运行的项目被取消，或经验不足的买家产生昂贵的开支。在这方面，一些零售商比其他零售商更胜一筹。然而，折扣商的评价一直领先于零售商。

在这方面，一些受访者担心自有品牌的质量是否会由于成本压力而长期受到侵蚀，如果零售商仍然没有发现这一点，那么消费者将对零售商的品牌失去信心[2]。全面的质量控制系统必须维护产品的完整性，从而为所有供应商创造一个公平的竞争环境。因此，许多参与调查的供应商发现保持或提高自有品牌的质量是重要的。然而，质量和创新的提高必须伴随着成本的增加，而不仅仅是供应商利润率的下降。如果不允许制造商在获得适当补偿的情况下提升实惠度，那么最终可能会减少用于投资的资源。我们应该明白，创新是有代价的，我们必须为此付出代价。

结束语

自有品牌市场是一个难以协商的市场。这是商业方式，不太可能改变。然而，如果系统不能以最优的成本将最好的产品提供给终端消费者，那么这个过程就存在问题。研究的结果和实践中的例子表明，目前存在几个低效率的阶段。其中一些效率低下的原因是买方的权力过大，因此，准市场垄断有利于大型零售商。

对数据的分析表明，最大的问题之一是联系人的不断变化，这反过来导致人员和品类知识的缺乏。随之而来的是真正的担忧，如果价格是唯一的决定因素，那么随着时间的推移，质量将不断被侵蚀，从而损害自有品牌市场。

有趣的是，供应商认为只有61%零售客户考虑到我们的受访者有足够的控制措施，以持续监控产品质量。这意味着并不是所有的供应商都在一个公平的竞争环境中运作。因此，对质量进行真实而公平的对比显然是不可能的。

一个值得关注的方面是，受访者在贸易关系的许多因素方面对折扣渠道持更积极的看法，因此在以下几个方面优于其他零售商，如产品和品类知识、流程的速度和效率、规划、信任和忠诚度以及对质量的关注度等方面。尽管零售商有更广泛、更深入的业务范围，且带来了复杂性，但是我们可以从中吸取教训。建立长期关系的机会将使各方受益，例如，一家供应商签订了5—10年的合同来支持投资新的生产力。然而，这将意味着更少的招标程序和更真诚的合作，以此推动品类的发展和增长。因此，在创新和产品开发过程方面进行更密切的合作，将是确保客户能够利用自有品牌公司制造基础上的知识财富的前提条件。

最后，基于相互尊重的基础上进行更加平衡的合作并不一定会削弱合作的效果。正如一家大型零售商曾对我们说的那样："内容上态度硬，关系上态度软。"这似乎概括了一种既能建立可持续的关系，又能保持竞争条件的方法。

法务审计

除了必须在与零售商谈判时发挥议价能力，制造商持续关注的一个问题是使用所谓的"法务审计"。这是指零售商利用不赢利，不收费的第三方来分析 6 年来的账户和记录，找出供应商欠零售商钱的促销或品尝活动的证据或其他原因。

> "利润回收已经从'很好'变成了实现年度营业额不可或缺的一部分。"
>
> 艾伦·希利尔（Alan Hiller），《食品杂货周刊》的前法务审计师

此外，制造商还面临着零售商用来向供应商勒索付款的一系列其他手段。最常听到的供应商投诉包括：延迟交货或错过交货的费用、一次性付清的要求和承担超出合同开始时商定的营销成本的义

英国的法务审计

法务审计要追溯到 6 年前，寻找扣款的理由。这些影子运营商以他们所代表的零售商为幌子，使用零售商的电子邮件地址，这样供应商就不知道他们在和谁打交道。多年来，超市一直使用采购审计员来从供应商那里收回资金。尽管是合法的，但零售商的压力使审计人员越来越咄咄逼人，并提出越来越可疑的主张。

根据经验，各大零售商预计每 10 亿的营业额，审计机构至少能收回 100 万。这些数字会产生压力，并可能导致虚假声明。"利润回收已经从'很好'变成了实现年度营业额不可或缺的一部分，"根据一位前法务审计师的说法[4]。

四大零售商雇用一家鉴证事务所做主要的审计工作，然后雇用另一家事务所完成第二次甚至第三次审计工作，以发现第一次可能被忽略的任何问题。这通常重复了供应商为索赔辩护所需要做的工作。当索赔与多年前发生的事件有关时，如果客户经理已经离开，记录丢失，供应商就很难为自己辩护。如果供应商无法提供证据反驳该索赔，那么这笔钱将被直接扣除。审计人员知道，由于需要花费大量的精力和时间来应对这些索赔，供应商根本无法在日常工作中为自己辩护。这对供应商来说是一个巨大的负担。

务、摄影和设计费用过高、未经协商的延期付款条件、对预测订单中的重要人员延迟付款或没有补偿以及对客户投诉的不合理收费[3]。

杂货供应业务守则

为了应对英国由于过度零售权力而造成的滥用，食品杂货供应操作规范（GSCOP）于 2010 年 2 月生效。这是竞争委员会在 2008 年发布的一份报告的直接结果。在这份报告中，涉及了许多与大型超市对竞争的影响的有关问题。结论是，它们的一些做法是反竞争的，因为它们的影响是将过多的风险和成本转嫁给供应商。2013 年 6 月，竞争委员会任命克莉丝汀·塔孔（Christine Tacon）为《杂货供应业务守则》仲裁员，负责监督和执行英国十家大型食品零售商对其直接供应商的实施。她被分配了一些关键的职能，如收集信息和主动调查零售商的记录、发布 GSCOP 具体条款的指南、仲裁零售商和供应商之间的争议在 GSCOP 下产生。英国零售商协会拥有相当大的权力，比如向一家超市开出高达其营业额 1% 的罚款（例如，对 Tesco 而言，罚款可能高达 5.6 亿英镑）。

本质上，GSCOP 期望指定的零售商公平地管理他们与供应商的关系。根据该准则，零售商必须在任何时候都公平合法地与供应商进行交易。公平且合法交易将被理解为要求零售商诚信经营其与供应商的交易关系，并认识到供应商对交易风险和成本的确定性的需要。GSCOP 适用于英国的所有供应商和零售商，包括外国供应商。

2016 年初，GCA 报告了 Tesco 在 2013 年 6 月至 2015 年 2 月之间处理供应商的方式。调查发现，Tesco 违反了 GSCOP 规定，非法从供应商那里扣下数百万美元，并有系统地拖延付款，以提高利润率，使其买家能够达到利润目标。Tesco 的首席执行官戴夫·路易斯（Dave Lewis）公开道歉，并声称自 2014 年起对 Tesco 的做法进行了重大改变[5]。Tesco 逃避罚款是因为法律尚未到位。Christine 说，如果有的话，她会对他们进行罚款。

该组织无疑对食品杂货行业产生了积极影响。2017 年 6 月，该公司宣布自 2014 年以来，存在潜在违规行为的供应商数量下降了近三分之一。这一比例为 56%，低于前一年的 62% 和 2014 年的 79%。此外，供应商对棘手问题的投诉大幅减少，如法医审计、不合理的收费和一次性付款。可以说，它最重要的成就是带来了行为和文化上的改变。它鼓励零售商重新评估与供应商的关系，以确保双方的合作利益[6]。该准则涵盖了所有食品杂货交易额超过 10 亿美元的公司。就在最近，Ocado 和 B&M Bargain 也加入了这个名单。在该行业，有人担心亚马逊没有被包括在内，因为供应商担心他们的做法，但亚马逊的杂货营业额还没有达到这个门槛。

GCA 还透露，由于零售商预测和促销的系统性失败，数百万吨的食物被重新投入了土壤。"如果零售商知道他们的预测造成了多大的浪费，他们肯定会采取一些措施，"一位经历过订单突然无故减少的供应商表示[7]。

在 2018 年的 GSCOP 年度会议上，大家分享了 YouGov 的调查结果。1000 多家供应商的答复显示，零售商的行为有了极大的改善[8]。

> "如果零售商知道他们的预测产生了很多浪费，他们肯定会采取行动。"
>
> *克莉丝汀·塔孔（Christine Tacon），《杂货供应业务守则》仲裁员*

在 GCA 的年度调查中，供应商确定了零售商在该准则下只能对个别问题的表现[9]。衡量个体零售商业绩的主题有：

- 发票扣除不正确；
- 数据输入错误，没有及时解决（例如 7 天）；
- 美术设计：不公平，不合理或额外收费；
- 未给予合理通知而退市；
- 不因零售商预测不准确而产生赔偿或罚款；
- 送货和开车：当交货发生纠纷时，延迟或未收到付款；
- 取证：本质上是滥用或过度的第三方审计；
- 针对客户投诉的不合理付款；
- 不公平 / 不合理 / 额外的包装费用；
- 未在合同开始时商定的与零售商保证金差额有关的一次性付款申请；
- 其他整笔付款的申请；

- 以促销价格过度购买，随后以全价售出；
- 要求一次性支付已库存产品的上市费用（支付以留下）；
- 要求一次性付款以更好地定位或增加货架空间或参与品类领导 / 品类管理 / 范围审查。

供应链倡议

供应链倡议（SCI）于 2013 年正式启动，旨在改善食品供应链的运作。它是为那些在食品和饮料供应链上的任何一个运营的公司设计的，无论他们的规模和他们在欧盟的地理位置。

SCI 的目的是促进良好的商业实践在食品供应链作为商业交易的基础。它基于一个共同框架，用于实施和执行食品供应链垂直关系中的一套良好做法的原则。在加入该倡议时，企业将通过整合良好做法原则来承诺公平贸易做法。SCI 还旨在确保企业以公平和透明的方式解决纠纷，同时向投诉方保证不会受到报复。自 2013 年推出至 2018 年 2 月，欧盟各地已有 390 家公司注册。考虑到国际集团的子公司，1175 家运营公司目前已签约。

在 SCI 注册的大多数公司是制造业，其次是批发和零售业。农业部门仍然代表不足，SCI 希望在这个领域获得更多成员。

许多注册公司是中小型企业，营业额不到 4400 万欧元。

从 2013 年开始，在英国零售协会（BRC）的要求下，SCI 的管理小组已经承认了英国食品杂货

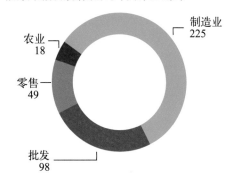

按部门划分的会员公司（共计390家）

制造业 225

农业 18

零售 49

批发 98

供应操作规范（GSCOP）与 SCL 欧盟层面的自愿倡议的等价性。这给了 GSCOP 指定的零售商信心，即根据 GSCOP 提出和处理的特定投诉不能同时提出，也不能随后通过 SCL 的自愿协议提出[10]。

欧盟委员会介入

2018 年 4 月，欧盟委员会通过了一项提案，旨在提高农民在食品供应链中的地位，目的是保护中小型公司供应商，包括第三国供应商。这是欧洲首次提出这样的建议，以解决不公平的交易行为，并提高市场透明度。

根据建议，以下几种做法在任何情况下都不被允许：

- 易腐食品逾期 30 天付款；
- 短期通知取消易腐食品；
- 单方面和追溯性的合同变更；
- 浪费产品风险转移给供应商。

此外，除非当事各方同意，否则不允许以下几种做法：

- 未售出产品的风险转移给供应商；
- 库存、显示和上市的支付；
- 参与买方促销或市场活动。

这些规则将补充任何现有的国家规则和自我监管，如 SCI 或 GSCOP。该提案规定，成员国必须指定具有调查和罚款权力的公共机构。此外，还必须为投诉人提供保密的规定，并使当局能够自行进行调查。

有效的执法对于公平交易制度的成功至关重要。有一些创造性的执行方式，正如仲裁员在执行《杂货供应业务守则》所展示的那样，它采取了一种调和的方法，同时保持强大的监管权力。这意味着在采取正式步骤之前，会提供一个友好的解决方案[11]。

总　结

制造商在与零售客户的关系中遇到了一系列瓶颈，比如频繁的买家和品类经理离职。现有项目的专业知识的缺乏和连续性的中断使得建立良好的工作关系变得困难。

供应商认为零售商的决策过程太长，涉及的部门太多。折扣店则被认为在决策过程中要快得多，也要透明得多。

电子表格采购排除了供应商在品类洞察、供应链管理和创新方面可以带来的附加价值的质量。这可能会损害品类的发展和增长。

全面的质量控制系统必须保障产品的完整性，从而为所有供应商创造一个公平的竞争环境。零售商利用不赢利，不收费的法务审计师来分析账目和记录，这些记录可以追溯到 6 年前，以找到促销或抽样活动的证据，或供应商欠零售商钱的其他原因。

《杂货供应业务守则》（GSCOP）的实施是针对英国滥用过度零售权力的回应。根据该准则，零售商必须在任何时候都公平合法地与供应和三个进行交易。

在欧洲，供应链倡议（SCI）是商业交易的基础。它以一个共同框架为基础，用于实施和执行食品供应链垂直关系中的一套良好做法的原则。

优秀的运营

寻求改善条件和自有品牌产品质量的更大的一致性导致了自有品牌供应基础的巩固，零售商的这一整合过程对制造业产生了重大影响。这种力量的不平衡虽然使得零售商能够大幅降低商品成本，但也导致了生产商利润的下降。

供应商格局的演变

零售商寻求与数量较少、规模较大、技术高效和创新的自有品牌制造商打交道。对于最大的品类，零售商将质量控制、采购、储存和配送的责任转交给他们的关键供应商。在另一端，我们看到小型、有创造力和敏捷的供应商在推动创新方面扮演着越来越重要的角色，其中包括对高端细分市场的机遇做出反应的制造商，如散养，素食和环保品类。在优质品牌和本地品牌领域，多数中小型公司填补了大型自有品牌供应商难以填补的空白。

欧洲零售市场的发展对自有品牌制造行业产生了巨大的影响。当自有品牌开始出现的时候，早期介入的制造商一般都不是生产市场领先品牌的公司。最重要的是，这些都是相对较小的制造商。这些公司无须在营销上投入重金，仅通过生产自有品牌，提高了自己的影响力，提高了利用率或改善了自己的资产。小企业，通常是家族所有。发展成为自有品牌制造商。

最初，自有品牌产品的生产仍然与公司自己的制造商品牌相结合。然而，随着自有品牌在产品总量中所占份额的增加，制造商的自有品牌失去了重要性。在零售商和消费者看来，这些自有制造商品牌甚至被进一步边缘化，在许多情况下被摘牌。自有品牌制造商之间更大的竞争促进了专业化，并增加了生产规模，以满足更大量的需求。多年来，自有品牌行业已经发展成为一个通常具有高度专业性的国际公司所活跃的行业。规模和复杂程度往往是与主流零售商建立和保持长期关系的关键成功因素。

展望未来，我们预计零售商的更大地位和职业化将会给自有品牌供应商带来更大压力。这不仅是为了改善条件，也是为了将企业管理责任转移给这些制造商。零售商希望他们的供应商能够迅速对市场趋势和最新的市场数据做出反应。此外，他们被期望有良好的客户管理技能，对品类有一致的愿景，以及如何通过新的自有品牌举措来推动市场向前发展，以应对包装和减少食物浪费、可持续采购、减少糖和盐等问题。

有的制造商会把这些变化看成是自己发展成为强大参与者的机会。然而，许多小型企业可能没有能力提供这些服务，也没有能力迅速适应这种新形势。

考虑到这一切，无论是从零售商还是制造商的角度来看，通过扩大自有品牌生产端的实体规模来

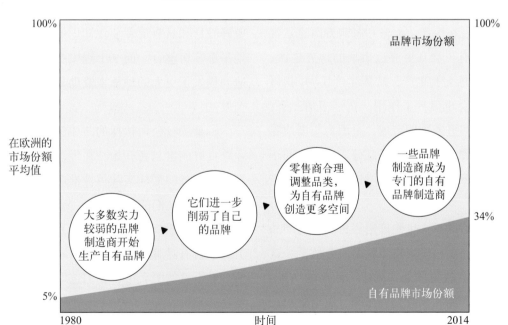

弱势品牌制造商转变为专门的自有品牌制造商

提高规模经济效益是符合逻辑的。在过去的 10 年中，自有品牌制造业的整合已经创造了许多在泛欧范围内的大型企业，这一趋势很可能会继续下去。

制造业整合

过去几十年，我们看到的自有品牌制造业的整合，在很大程度上是由私募股权计划推动的。许多自有品牌公司都是家族所有，管理方式与在证券交易所上市的公司不同。这意味着，通过从财务角度实施不同的运营公司视角，比如降低成本基础和营运资本，以及根据明确的绩效指标优化现金管理和管理可交付成果，可能会释放出大量隐藏价值。

通过收购和建设战略，私募股权公司创建了大型实体，这些实体往往遍布整个欧洲。跨境收购背后的理由，首先是在生产、运输和采购方面建立规模经济。其次，有机会在更靠近市场的地方生产，同时打本地牌（意大利生产，法国生产），并获得进入新市场的机会也发挥了作用。在许多情况下，海外收购能够立即进入中国市场，是因为与当地零售业的历史商业关系是交易的一部分。这也有助于解决语言和文化障碍等问题，并增进对如何应对当地规则的了解。

销售办公网络的扩大也允许销售将现有的产品到新的市场。欧洲面包烘焙集团就是一个例子。这家有私募股权所有的集团是"买建"战略的结果。重点是自有品牌产品和少数自有品牌。烘焙集团在西欧拥有 15 个生产基地，并在欧洲多个国家设有

> "在一个合并的供应市场上，力量更加平衡，与零售商的合作比在一个有许多小竞争者各自为战的零散市场上更加顺利。"
>
> 亨克·卡斯提尔（Henk Casteele），Ysco 的商业总监

销售办事处网络。该公司员工总数约为 3500 人，营业额为 3.7 亿欧元。

最后，在一个国家的存在（成为观察者）可以产生学习效果，随后可以应用，或使快速反应，在其他市场的机会（在新市场销售新产品）。

规模更大的实体让制造商有机会通过雇佣受过更好教育和具有更专业化知识的管理人员来更充分地平衡零售整合。而一个规模更大的实体也品牌制造商提供了更大的预算来资助其市场研究和新产品开发。

私募股权公司执行的"买建"战略通常从收购业绩良好的参与者开始。在经营一个特定品类的自有品牌业务的最佳实践将被推广到新收购的生产基地，以提高他们的经营业绩。

由私募股权公司发起的交易有很多例子，它们巩固了自有品牌的制造基础，同时创造了巨大的价值。在下页的图表中，我们选取了近年来的几个主要合并案例。

然而，上述成功交易的案例还无法与 Refresco

部分自有品牌的先例交易[1]

PPF		2011 年 3 月		2015 年 3 月
（宠物食品）	买方 EV EV/EBITDA 倍数	Advent International 1.88 亿欧元 7.5		Pamplona 3.15 亿欧元 9.0
Continental Bakeries		1999 年 2 月	2006 年 6 月	2016 年 4 月
（烘焙食品）	买方 EV EV/EBITDA 倍数	Investment Partners 0.61 亿欧元 7.8	NPM 资本 120 亿欧元 7.2	Goldman Sachs The Silvergreen Group 3 亿欧元 8.0
Banketgroep		2011 年 3 月		2015 年 3 月
（烘焙食品）	买方 EV EV/EBITDA 倍数	Gilde Equity Management 0.32 亿欧元 NA		Qualium Investment 2 亿欧元 10.0
United Coffee		2002 年 5 月	2008 年 1 月	2012 年 4 月
（咖啡）	买方 EV EV/EBITDA 倍数	Gilde Equity Management NA 7.0	CapVest 3.3 亿欧元 8.2	UCC（运营商） 4.69 亿欧元 10.0
Groupe Poult		2006 年 7 月		2014 年 4 月
（烘焙食品）	买方 EV EV/EBITDA 倍数	LBO France 1.53 亿欧元 8.8		Qualium Investment 1.7 亿欧元 7.3
R&R 冰激凌		2006 年 5 月		2012 年 4 月
（冰激凌）	买方 EV EV/EBITDA 倍数	Oaktree 3.14 亿欧元 9.3		PAJ 合作伙伴 8.5 亿欧元 8.5

企业价值（EV）是普通股的市场价值＋优先股的市场价值＋债务的市场价值＋少数股权利息－现金和投资。
EBITDA 是未计利息、税项、折旧及摊销前的利润。
首次公开募股（IPO）是指一家私营公司或公司首次通过向公众发行其股票来筹集投资资金。

的案例相比，Refresco 无疑是自有品牌食品制造中最成功的"买建"交易周期。

制造业的成功因素

仔细研究自有品牌行业的案例是很有用的。哪些是自有品牌制造商成功的关键因素，在品牌端市场其环境不同于同行的因素有哪些？在他们各自的领域中，主要参与者的特点是什么？他们如何实现卓越的运营？

首先，重要的是要注意，一个专用的自有品牌制造商（不要与双轨制混淆）的商业模式和品牌制造商之间有一个根本的区别。与双轨制企业相反，自有品牌制造商只生产自有品牌。可能会有一些公司的自有品牌或第三级品牌留在组合中，但这些将很难得到维持消费者偏好的营销努力的支持。另一方面，双轨制企业将生产自有品牌和强大的地区品牌作为一种战略。例如 FrieslandCampina（乳制品品牌）、Intersnack（咸味零食品牌）、Freiberger（冷冻披萨品牌）和 Bahlsen（饼干品牌）。在大多数情况

下，品牌和自有品牌都只提供给少数被选中的国家。关于双轨制的更多内容，可在本章中进一步了解。

一个品牌制造商接近两个目标群体（双重目标）。一方面，公司的活动目标是零售商，零售商应该包括其产品的分类，并应该在商店层面支持这些（"推"）；另一方面，品牌制造商也应直接与消费者沟通，诱使他们购买产品（"拉"）。品牌制造商将专注于建立和管理自己的品牌，通过建立消费者偏好，对他的产品的需求就会产生，因此零售商将其纳入范围是合理的。

另一方面，专门的自有品牌制造商，把所有的努力集中在零售商，因为其是零售商负责管理营销组合的所有元素。作为所有者，零售商管理品牌，并将说服消费者实现所需的产品流。在这里，自有品牌制造商扮演的角色并不重要。由于这种单一目标群体的方法，自有品牌制造商的注意力将集中在与零售商建立和管理良好的关系上。成功的关系会增加有成果和有希望的长期合作的机会。由于自有品牌制造商完全不为消费者所知，因此制造商没有

部分自有品牌的先例交易[1]

Refresco		2000 年 1 月	2003 年 9 月	2006 年 4 月	2010 年 3 月	2015 年 3 月
果汁和饮料	买方	Living Bridge NeSBIC Hay Hill CBG 资本有限公司	3i	FL Group Kaupthing Vifilfell	3i	IPO
	EV	NA	2.4 亿欧元	4.61 亿欧元	8.11 亿欧元	18.77 亿欧元
	EV/EBITDA 倍数	NA	NA	7.2	6.8	9.0

必要与消费者进行沟通。更重要的是，自有品牌的所有者、零售商不会允许他这么做。只有在极少数情况下，制造商的名称才会印在自有品牌包装上。

生产差异

自有品牌制造商必须应对生产中的差异，因为零售商期望定制解决方案。每个零售商都有自己的产品规格，这就会导致生产的复杂性。如，像洗衣液这样的简单产品的规格可能会有很大的差异。大多数零售商都有自己独特的瓶子形状，且对配方、香味、产品颜色、瓶盖的选择都有自己的要求，当然还有标签，更不用说外包装的不同形状和印刷。对于领先品牌的制造商来说，情况则完全不同，因为它通常可以在整个欧洲市场以完全相同的形式提供相同的产品，只是每个国家的标签语言不同而已。

对于自有品牌制造商，多样化的要求导致生产过程和计划的复杂性，因为需要生产的产品和包装数量众多，而且往往差别很大。如果使用了错误的配料或包装成分，那么就很容易出错。伴随着高速的生产线，后果可能是相当严重的。此外，这是对制造商保持机器调整停机时间到最低限度的一个挑战。因此，最大限度地减少停机时间和保持复杂可控的灵活生产线是最重要的。产品种类繁多的另一个后果是相对较高的库存会占用制成品和原材料的周转资金。为了降低包装材料过时的风险，必须制定良好的库存管理程序。

成本领先

自有品牌制造商在一个竞争激烈的市场中工作，经常不得不处理相对片面的贸易关系。因此，

为各种法国零售商生产像洗衣液这样简单的产品将导致生产的复杂性

如何高效地处理人力和资本，对于一个自有品牌制造商来说是至关重要的。此外，供应合同被价格更低的竞争对手抢走的威胁一直存在着。因此，密切关注公司的成本基础，并保持竞争力是至关重要的。品牌制造商通常能够消化被迫降价或生产成本上升的影响，因为它通常有更好的利润率。或者，它也可以减少营销和创新费用。然而，这对自有品牌制造商来说是一种未知的奢侈。通常情况下，竞争是激烈的，制造商试图降低成本是一场持续的战斗，因为他们根本无法逃脱低效率的惩罚。自有品牌行业的特点是建立一个非常精益的结构，并持续地试图削减成本。这种在思想和行动上的成本意识必须深深扎根于公司的结构中。

控制成本的一个重要方面是减少一般意义上的浪费。不仅最大限度地减少生产中原材料、包装和辅助材料的损失，而且还减少机器停机时间和有效管理时间。大量的工作是利用最少的员工完成的，甚至商务旅行也经常在正式工作时间以外安排。因此，越来越少的公司有接待员或电话接线员。来访者必须在接待大厅里表明出一份电话号码表，向联系人表明自己的身份。有一次，我采访了一位生产经理，他曾在同一行业的一家品牌制造商工作过，后来转到一家自有品牌制造商工作。他与我分享说，与他以前在品牌制造商工作时的目标相比，他对新的自有品牌环境中的低浪费率目标感到惊讶。尽管生产的品种和复杂性要高得多，但在自有品牌产品制造中，废物率

目标要低几个百分点。

在试图降低成本的过程中，基于活动的成本计算可以为管理者提供关于影响因素的重要洞察力。传统的成本计算系统往往不能准确地确定生产的实际成本和相关服务的成本。因此，管理者会根据不准确的数据做出决定，特别是在涉及多个产品的情况下，如自有品牌组织。

与使用宽泛的任意百分比来分配成本不同，作业成本法通过寻求确定因果关系来客观分配成本。一旦确定了各项活动的成本，就会根据各项活动对产品的使用程度，将各项活动的成本归到各产品头上。这样，就可以确定单位间接费用高的领域，并将注意力转向寻找方法来降低成本或对昂贵的产品收取更高的费用。如果多个产品共同承担的成本没有分配到合适的产品上，就存在一种产品补贴另一种产品的危险。作业成本法对产品和客户组合分析具有重要价值[2]。

在价格之外的要素上竞争

欧洲自有品牌行业的成功者是有能力创造附加价值产品的人。尽管这很难衡量，但对于零售商来说，将合同授予新的供应商还是继续使用现有供应商，这一点是非常重要的。这可以归结为在价格之外的其他因素上的竞争技能。那些有能力与零售业建立和保持成功合作关系的制造商获得了无价的竞争优势。在某些情况下，他们成功地为产品增加了如此多的额外价值，以至于零售商准备为此支付少

量溢价，或者决定不更换供应商。

最重要的是要有较强的客户管理能力，能在问题出现前主动为零售商解决问题，在协同补货和库存控制领域表现出色。自有品牌供应商不应该仅仅是制造商，他们还应该能够作为分析师、设计师、商业顾问和创新者提供价值。它是关于实现卓越的运营和建立可持续的伙伴关系。下文将进一步说明如何在实体产品的基础上增加价值，从而在价格之外的其他因素上进行竞争。

紧迫感

零售机构面临的挑战是，每天在货架上保持丰富乃至非常丰富的商品库存，而其中很大一部分是新鲜或冷藏便利食品。供应链管理是一个艰巨的任务，因为要保证货架上的商品种类齐全而不缺货。因此，零售商对制造商方面的问题和复杂性要求很高。他们最不需要的就是难以联系或者沟通缓慢低效的供应商。对于零售商来说，公司在多大程度上是积极主动地防止任何性质的问题是非常重要的。这一点以及它如何及时有效地克服困难，决定了零售商对供应商的信任程度。一个问题少、供应和服务水平高的关系会带来一个令人满意的工作关系。

制造商在零售端与同行进行外部沟通的速度，在很大程度上取决于其自身组织内部沟通的程度。这就是为什么自有品牌制造商组织内的所有部门必须有高度的紧迫感。这也对自有品牌制造商的组织结构产生了重大影响，因为其组织结构往往是扁平的，沟通渠道很短。

在英国，自有品牌供应商将其员工派驻到零售商，让他们负责处理预测、供应链问题甚至下订单的情况并不少见。冷冻便利食品行业的不干胶标签供应商 Coveris，以及瓦楞纸箱供应商 SmurfitKappa 都在英国零售商派驻了经理，以便以有效的方式加快对该品类持续变化和机遇的响应速度。

市场知识

众所周知，采购员和品类经理只有很少的时间去走访他们自己的商店，更不用说相互竞争的商店了。因此，专门的自有品牌制造商的客户经理经常走访商店是很重要的。这将使他们能够快速发现该品类内的新发展。仔细监测品牌和自有品牌产品的消费者价格变动、产品介绍和交付物、包装类型、特点和尺寸等变化，也是客户经理的基本职责的一部分。此外，小规模的消费者研究和数据分析也可以支持所获得的洞察力。目前，客户经理不仅要掌握最新的、可靠的市场知识，更重要的是，他们愿意基于自己的研究和洞察力来分享独特的信息，这一点会得到品类经理的高度赞赏。因此，客户经理就成了一个"品类顾问"，更容易安排与零售商的会面。毕竟，零售商知道，与客户经理讨论事情会更明智，因为客户经理会告诉自己他的最新消息。此外，一个合乎逻辑的结果将是零售商将更愿意分享信息。通过这种方式，客户经理就可以获得关键信息，并将这些信息转化为商业机会或威胁。基于这些洞察力，可以启动新的产品开发和适当的商业行动。

创新

为了快速应对新的市场机会，零售商越来越坚持要求自有品牌供应商采取积极主动的态度。零售商应该有能力积极和成功地创新，因为这能够使他们迅速配合制造商品牌的推出，而他们的目标是尽可能缩短自有品牌介绍的上市时间。今天，自有品牌已经从跟随品牌的脚步发展到为品牌指明方向。零售商已经成为积极的创新者，打破规则，尝试自有品牌来推动品类增长。他们可以以相对较低的成本来做到这一点，因为几乎没有产生任何特定的营销成本。零售商拥有获取这些数据和快速执行自身计划的能力。商店的旗帜会宣传产品，因为零售商拥有商店，分销是肯定的。通常，零售商只投资于包装艺术品的成本，其他所有成本都由制造商承担。在这种情况下，失败的成本与不成功的品牌引进的成本相比是微不足道的。

自有品牌制造商的客户经理应该与零售商保持密切的联系。他们应该能够在早期阶段捕捉到信号，因为这将促进创新过程。通过机警和积极的反应，自有品牌制造商可以确保竞争优势。此外，原材料和包装供应商往往也是宝贵的信息来源。与零售商的品类经理组织头脑风暴和联合产品开发会议，在许多情况下为成功的产品开发提供了最初的动力。我们的一个客户是一家自有品牌制造商，他邀请了 Marks & Spencer 的品类经理和产品开发经理在他的试验厨房里进行工作会议。这家供应商是烘焙产品的主要制造商，在测试厨房时，他支持他的客人创造了一个手工蛋糕的新概念。他们在创作过程中的参与激发了极大的热情，几个月后在产品推向商店后，他们做出了前所未有的承诺，使产品获得成功。由于该产品确实受到了非常特别的关注，因此一炮而红也就不足为奇了。

多层次的零售商关系

零售商的自有品牌策略已不再完全由买方执行的。越来越多的零售商同事，如品类经理、质量经理、概念经理或物流经理，在最终选择谁作为自有品牌供应商方面都可能有发言权，有时甚至是在幕后无形地发言。尤其是零售业的技术经理在选择自有品牌制造商方面有很大的权力和影响力。

这就是为什么自有品牌制造商必须与所有这些专业人员进行沟通，从而设法建立一种关系。因此，制造方面的专家应该直接与零售方面的专家进行沟通。成功做到这一点的制造商将给自己带来许多重大优势。

首先，由于受到零售商方面多个经理的影响，因此对单一联系人的依赖较少。

其次，随着零售方面的买家或品类经理的更换（这种情况经常发生），同事们将能够迅速向经理的继任者传授经验。毕竟，他们熟悉细节，了解档案以及与自有品牌供应商的关系。

再次，制造业的专业人士可以与零售业的同事进行有效的沟通。这减少了信息交换中出风险，并提高了流程速度。

最后，也是最重要的，零售商可以在多个层面发出信号。事实证明，这些信号在启动创新项目、采取纠正措施或保障合同的继续方面是至关重要的，因为当零售商终止其供应合同时，自有品牌制造商往往会大吃一惊，有时会给公司带来灾难性的后果。

同时，在零售组织内部建立高层关系也很重要。为此，在没有具体业务问题时，制造商的高级管理人员应与零售商的客户经理一起参与客户拜访，客户经理应与品类经理安排品类总监、采购总监或其他高级经理参加会议。在英国，这些高层会议通常每6至12个月安排一次。建立良好的关系，或者至少与高级经理见过面，对在发生严重问题时可以选择向更高层次的人求助，即使不是至关重要的，也是有价值的。

建立关系的有效方法是邀请零售商到工厂来。在远离办公室的环境中，生产将创造一个完全不同的环境。许多自有品牌制造商都有一个测试厨房，可以在那里展示或品尝产品。一些公司甚至创建了一个体验中心，让零售参观沉浸在他们的世界里，有谷物、猫砂或冷冻蔬菜等等。这将引发不同于在零售商办公室的讨论，并将促进创新的创造性思维。更重要的是，鉴于买家和品类经理的不断变化、体验中心可以为新任命的零售经理提供一个简明的教育课程的机会。那些接受这一挑战的供应商了解自己在这一过程中的作用，并可能最终从这项投资中受益。

与测试机构建立关系

零售商认识到为他们的自有品牌选择高质量产品的重要性。毕竟，消费者对自有品牌的每一次体验，无论是在感官上还是在功能上的判断，都应该是与品牌产品同等的体验。由于包装上印有商店品牌的名称，因而零售商面临的风险很大。像 Asda、Carrefour、Albert Heijn 和 Edeka 这样的零售商可能有多达 10000 种自有品牌的产品（不包括新鲜和冷冻方便产品）。零售商把自己的名字挂在上面，不希望这个名字被劣质或不一致的质量玷污。值得注意的是，折扣零售商因其对产品质量的极高要求而臭名昭著。

不断扩大的自有品牌产品品类对零售商组织质量保证的方式产生了影响。国际食品标准（IFS）或全球食品安全标准（BRC 食品）认证了严格的质量控制要求。零售端的质量保证经理和技术经理监督其自有品牌范围的质量，并通过工厂审核评估制造商的生产设施，提出改进过程的建议。在审核过程中，还要进行可追溯性检查，讨论并制定召回程序。除此之外，零售商还大量利用外部测试实验室和组织消费者小组的机构。评估产品质量通常有两个阶段。首先，在供应商选择过程中对参与投标的供应商样品进行比较。其次，在供货合同期间不定期地进行一次采购，以核实产品质量是否符合约定的规格。

一些自有品牌制造商不允许这是一个黑箱过程，因为外部测试的结果可能会让他们大吃一惊。这些制造商坚持了解用于测试的方法和协议，因为这可能是对产品进行微调并被选为测试赢家的宝贵知识。与相关的测试机构（每个国家都不同）建立和保持良好的关系，并了解他们的工作方式，有时是非常有用的。我们甚至经历过，制造商能够协助测试机构改进他们的测试方法，或指出他们的产品的具体相关特性来进行测试。在极少数情况下，如洗衣粉和洗碗机洗涤剂的情况，测试机构甚至愿意根据与自有品牌制造商互动获得的新见解来修改测试方案。

销售经理的具体技能

品牌产品制造商专注于建立和管理品牌。然而，对于自有品牌制造商来说，情况则完全不同，因为零售商作为品牌的所有者，需要通过自己的营销组织说服消费者选择自有品牌。制造商的客户经理也间接参与其中，因为需要有良好的营销技巧。通过这种方式，客户经理可以为零售商解释营销组合中的一些元素提供必要的支持，例如产品组成、营销声明、包装设计、供应链问题以及价格。由于客户经理必须具有广泛的学科知识，他的工作内容比品牌运营的同事要繁重得多。品牌公司的销售人员通常只对他或她销售的实物产品有有限的了解。

在较大的组织中，自有品牌供应商的关键客户经理可能会得到品类洞察经理的支持。

自有品牌客户经理还必须对生产组织的能力有很好的了解。这可能与产品的配方、包装的类型或尺寸有关。客户经理应该问正确的问题，成为一个专心的听众，并且能够在他与零售商买方会谈的早期，判断产品从生产技术的角度是否可行。这就是为什么要了解什么是适合的，而什么是不适合的产品，客户经理从而能够影响买方对新产品的介绍。对于制造商来说，这意味着盈利合同与边际合同之间的差异。成功的自有品牌制造商将是那些在低成本制造方面取得成功、在供应链和品类管理方面表现出色并有能力以上述方式增加价值的制造商。

公司记分卡

为了评估他们的供应商或评估潜在的新供应商，一些零售商使用公司记分卡。如果制造商希望增加与多家主要零售商的业务，那么应了解在此类评估中与零售商相关的主题。如果记分卡是协作完成的，那么供应商可以判断自己是否符合零售商的要求。

供应链和产品范围技能

供应商应该对市场有全面的了解，并对各个品类有具体的了解。市场发展必须定期、有组织地和系统地进行商店检查来密切监测。所有在相关市场的零售商都应参与这个市场研究，从中收集必要的情报，为自己评估和解释。由此获得的独特的市场洞察力和分享这些信息的意愿，使客户经理能够担当品类经理的品类顾问的角色。这一点将被高度重视，因为这样的洞察力是买不到的，并将有助于做出战略和战术决策，从而更好地管理品类。

创新技能

从竞争中脱颖而出和建立顾客忠诚度是零售商自有品牌战略的关键目标。因此，以创新技能和采取创造价值的举措来推动品类的持续增长是很重要的。由于自有品牌的激增，自有品牌架构变得更加复杂。这意味着必须回应消费者关注的重要问题，如可持续性、动物福利、健康饮食、包装和废物等。因为建立顾客忠诚度具有重要的战略意义，零售商试图诱惑和吸引消费者，因此，持续的产品和包装创新至关重要。自有品牌供应商必须积极应对这一挑战。

组织结构和公司文化

组织结构和公司文化是零售商评估制造商的重要因素。在与零售客户的联系中，供应商应积极主动，反应迅速。因此，建立一个有利于快速沟通的公司结构是必要的。几乎所有的自有品牌制造商都愿意建立一个精简的横向机构，让每个员工都负起自己的责任。只有当供应商的内部组织理解有效的内部沟通的重要性时，才能保证其与零售商的快速互动。虽然这将有利于问题的快速反馈，但并不能防止问题的发生。毫无疑问，一个精简的组织是成为一个低成本制造商的必要条件。

财务稳定

在一个竞争极其激烈的市场上，自有品牌制造商往往迫于压力，不得不以接近成本的价格销售。因此，这可能导致经营业绩疲软，几乎没有利润来消化任何挫折。出于这个原因，零售商倾向于关注供应商的财务稳定性，以避免意外的供货失败。一个健康的公司财务状况也使其在良好的管理和设备上进行持续投资，以紧跟市场。

管理的战略取向

零售商在评估自有品牌制造商时，会考虑公司管理层的战略定位，如自有品牌市场是否有明确的长期发展战略？管理层是否愿意投资必要的资源来支持自有品牌的发展？如果品牌产品和自有品牌产品都由制造商提供，但出现瓶颈时，尽管品牌产品可能产生更好的利润，管理层是否会保证自有品牌产品的持续供应？因此，高级管理层必须与客户经理一起进行零售店走访，表达他们对自有品牌产品供应的战略承诺。

供应客户特定的产品和服务

在合理的范围内，生产的灵活性和制造商供应零售商专用产品的意愿将受到极大的重视。量身定制的新产品开发和创新的包装理念将支持零售商从竞争中脱颖而出。除了显而易见的：提供良好、稳定的质量和高服务率之外，零售商在评估其供应商基础时，也会热衷于评估这一点。

明确的重点和战略

在我们的实践中，我们会见了许多自有品牌制造商，并讨论了他们在竞争激烈的市场中工作的挑战。他们中的一些人没有明确的战略，因此无法组建合适的组织。这些公司并没有以一种透明、一致的方式在内部和外部积极主动地沟通。

我们还与那些对未来有明确愿景，并基于公司内部强大战略运营的制造商合作。对一些公司来说，这种透明度使它们能够实现卓越的运营，或至少接近卓越的运营。他们拥有一个高效的成本结构和有效的资源分配。明确战略的价值不应被低估。事实上，如前所述，这正是大型零售商在选择自有品牌供应商时所寻求和要求的。他们寻找的是能够了解并致力于应对自有品牌挑战的高级管理人员。例如，在某些领域，明确公司不想做什么是很重要的。

双重跟踪

在大多数情况下，自有品牌制造和品牌维护的双重跟踪策略很难在一个公司内结合起来，而且可能会阻碍前者的卓越运营。虽然在某些情况下双重跟踪策略也可以运行，但我们认为，在大多数情况下，最好的选择是做出明确的选择，因为这两种模式成功的关键驱动因素是完全不同的。前面提到的双轨跟踪制企业，如 Freiberger、FrieslandCampina 和 Intersnack，因其规模庞大，这些公司有理由设立独立的商业机构。所以，他们可以在这两个领域都取得成功，但他们是例外。在更多情况下，将自有品牌和品牌制造结合起来将是一个挑战，下面我们将从制造商和零售商的角度来解释这一点。

制造商的观点

自有品牌制造商的关键竞争力与品牌制造商有着本质不同。对于自有品牌制造商，成本领先和能够在价格以外的因素上竞争是主要重点。一方面，品牌制造商的活动更多的是为了最大限度地提高分销强度和创造消费者对其品牌的偏好。对于自有品牌制造商，不懈追求成本领先的结果是，其组织结构可谓是极端高效（精益）。相比之下，品牌制造商的商业组织则要庞大得多。毕竟。这里的"推力"对零售商来说，同时也产生了"拉力"，即解决终端消费者的需求。因此，与终端消费者沟通的营销工作就成了企业内部的一项重要活动。另一方面，由于自有品牌制造商的商业活动是针对零售商的，这是一种纯粹的企业对企业的关系，但毕竟是零售商与消费者进行沟通。在大多数国家，零售商不愿意为自有品牌生产商的营销活动支付费用，因此，这只能在有限的程度提供这种服务。综上所述，我们越来越看到，一流的自有品牌公司可能会设立大量的营销部门，专注于收集洞察力、市场数据和趋势。他们不再认为这是品牌的专属领域，也可能有相当多的人会提供有关规格和生产细节的信息。另一个使品牌制造商成为一个大型企业的因素是在研发方面投入更大的精力。

零售商的观点

零售商很有可能更愿意从完全致力于此的制造商那里购买自有品牌的产品。有了为第三方生产品牌的明确重点，制造商终究不会被自有品牌政策干扰。所有的注意力都将集中在与零售商的合作上，以便对市场的发展做出迅速的反应。无论是产品的配方还是包装的选择，制造商都会在商业上可行的范围内，尽可能地根据零售商的意愿做出调整。制造商的创新努力也将完全集中于其零售客户的进一步发展，这与品牌制造商为了自身制造商品牌的利益而优先创新形成鲜明对比。因此，既生产制造商品牌又生产自有品牌的制造商将试图为自己的品牌保留创新，可能只希望将这些创新延迟地传递给零售商。这同样适用于双轨跟踪制企业的管理重点。主要的注意力将集中放在最有利可图的活动上。尽管有研究和营销的成本，但在大多数情况下，这些将是制造商的品牌活动。因此，在生产能力有限或资金短缺的情况下，将优先考虑制造商的品牌活动。

当双重跟踪有意义时

在某些情况下，品牌制造商同时生产自有品牌可能是有意义的，尽管这不应该是一个临时填补生产中过剩产能的机会主义决定。一家生产"Lebkuchen"（一种类似于姜饼的饼干）的德国企业决定，除了品牌事业之外，还推出其他产品进军自有品牌市场，其理由是为了提高生产效率。生产品牌产品只意味着每天要生产 12 个小时，而添加自有品牌产品可以让制造商一天 24 小时生产。这提高了整体产品质量和一致性以及生产效率。

一些公司推动其品牌产品的创新，并将这些产品在一段时间后作为自有品牌提供。多年来，Reckitt Benckiser（利洁时）公司的洗碗机片也采用了这一策略作为自有品牌，并通过独立的组织：Propack 进行销售。与此同时，Reckitt Beckiser 已经完全停止了自有品牌的生产，现在只专注于品牌产品的营销。

另一个例子是 Lamb Weston Meijer，一家冷冻土豆制品的制造商。该公司在欧洲的食品服务和零售市场拥有强大的自有品牌地位。此外，它以自己的品牌为利基市场生产定制产品，因为产量不值得为零售商创建单独的自有品牌（即花式造型或调味产品）。

鉴于自有品牌在冰激凌和冰鲜奶品类的持续增长，Nestlé（雀巢）于 2016 年与自有品牌冰激凌制造商 R&R 成立了合资企业 Froneri。作为双轨跟踪制企业，Froneri 为零售商提供了一个全面的分类解决方案，使其能够加强其关系，并提供改进的品类建议。

其他公司采取地域策略，在国内市场以自己的品牌销售产品，但在选定的出口市场提供自有品牌。采用双轨跟踪制的另一个理由是，如果一个品类非常复杂，包含大量产品，但每个产品的体积都

康尼格拉公司在双重跟踪问题上步履维艰

2013 年初，食品巨头 ConAgra（康尼格拉，其营业收入 140 亿欧元）作为一家包装商品制造商，收购了其竞争对手 Ralcorp（营业收入 40 亿欧元）。2015 年 6 月，由于业绩不佳，Ralcorp 宣布将被剥离。自从收购 Ralcorp 以来，ConAgra 的股票价值下跌了 0.3%，而在美国证券交易所上市的所有其他食品股票都上涨了至少 10%。那么，哪里出了问题呢？

在被收购的时候，ConAgra 几乎不生产任何自有品牌，而 Ralcorp 是一家专注于零售商品牌的公司。当时，ConAgra 的首席执行官宣布收购是"增长的秘诀"。毕竟，自有品牌在美国的市场份额正在迅速增长，几乎每家零售商都在扩大产品种类。此外，此次收购的动机是生产、采购和物流方面的协同作用，从而进一步提高利润率。

遗憾的是，预期的效益没有发生。事实上，合并两家公司是极其困难的，因为活动上的差异太大了。更重要的是，ConAgra 发现，通过复杂的营销手段建立和维护品牌，与作为自有品牌供应商与零售商合作，坚持以更低的价格不断提高质量是两码事。自有品牌合同的利润率下降，变得十分微薄。他们再也无法承受 ConAgra 较高的管理费用了。

与策划促销活动和争夺货架空间相比，谈判自有品牌合同需要不同的专业知识。这两项工作似乎很难结合起来，而且涉及管理层太多的精力了。在 18 个月内，自有品牌部门损失了 20 亿欧元的价值。与此同时，负责收购的首席执行官已经离开了公司，他的继任者宣布，进一步试图挽回损失将是"对 ConAgra 资源的错误分配"[3]。

很小，在这种情况下，如果在品牌之外还提供自有品牌，品牌供应商甚至可以加强与零售商的关系。在这种情况下，供应商可以完全管理和控制该类产品，从而减轻零售客户的负担。地中海、亚洲或其他民族食品，其中有许多单品，每个单品的数量都不多，这就属于上述的例子。另一个例子是口腔护理品类，需要对单个产品的功能有大量和广泛的产品技术知识，从而创建一个完整的优质产品分类。

生命周期管理工具

零售商在整个供应链中保持着密切的关系，因此能够将新产品上市的时间控制在最短。高效的新产品开发过程能将新的自有品牌产品快速推向市场，这已成为零售商关注的重点。为了减少自有品牌产品的上市时间和管理其生命周期，基于网络的工具（如 Trace-One）正在使用中，使零售商能够与供应商和其他商业伙伴协同工作。

根据埃森哲的一项研究，有 83% 的零售商计划使用产品生命周期管理工具来支持未来 5 年自有品牌的发展计划。产品生命周期管理是对产品的整个生命周期进行管理的过程，从产品的概念，到设计和制造，再到服务和处置。这些工具被用来提高创新产品进入市场的速度，并管理在线零售品牌的产品规格。基于网络的工作流管理和电子审批，支持有关各方以可控、透明的方式加快这一进程。根据包装材料的不同，完成美术设计后，在 6 至 12 周内推出产品是相当可行的。

零售商通过他们内部收集的洞察力，如销售点扫描数据、客户会员卡信息和购物者面板，接近市场。这使他们在识别消费者趋势并将其转化为新产品机会方面处于有利地位。由于品牌制造商无法获得详细的市场信息，零售商能够比品牌制造商更快地发现市场差距，比如在冷藏便利食品、新鲜面食和民族食品方面都是如此[4]。由于他们拥有快速执行的能力，相对于相对低的成本，零售商很有能力把他们的商店作为测试实验室进行试验。作为自有品牌推出的新产品，如果在商店里表现不佳，可以悄悄地退市，而不会损害商店的招牌。零售商不需要付出太多努力，就可以相对容易地扩大商品种类，从而对市场机会做出反应。这与品牌制造商的创新模式形成了鲜明的对比。

互联网拍卖和招标

一些自有品牌制造商对参与网上拍卖或零售采购联盟的投标请求犹豫不决。他们认为，使用这些粗糙的工具忽略了电子表格规则的结果和许多有价值的无形资产。值得注意的是，在那些可以在业务的许多方面创造价值的品类中，情况就是如此。这些制造商对只能以价格取胜的合同不感兴趣，因为他们认为，互联网拍卖或通常通过采购联盟采购的产品，会剥夺所有购买过程中对他们非常重要的要素。这些制造商除了在竞争条件下提供一致和高质量的产品外，还提供了大量的价值。举几个例子，如上所述：产品知识、市场和品类洞察力，以及由此产生的可行建议。此外，还有敏锐的创新技能和愿意投资新设备以及无可挑剔的交货率。在使用互联网拍卖或普通采购项目这种大胆手段时，所有这些因素都没有考虑进去。更重要的是，事后证明，出价最低的投标者并不总是胜出。现实表明，情况正在恶化。为了保持低价而削减成本的结果是，通过更多渠道购买更大范围产品的买家越来越少。经验正被廉价的年轻员工所取代，而供应商则在抱怨他们无法找到同行。电子表格采购正变得越来越普遍[5]。

为这些拍卖做准备可能需要花费几天宝贵的管理时间，但几乎没有机会赢得业务。在互联网拍卖的执行过程中，需要准备产品样品，对各种产品进行成本计算，绘制可供选择的场景，而在此过程中没有多少时间能够进行思考。这一切都需要投入大量的精力和时间。一些供应商宁愿将他们的资源分配给现有的客户和那些可行的、有吸引力的机会。同样，由于行动费用应保持在最低限度，这也不失为一项明智的战略。

> "研发是我们这一领域的瓶颈，我们只提供给那些认真负责、拥有适当数量和发展潜力的客户。我们在业务所在的地方投资。那些致力于长期合同的客户可以得到最好的条件。"
>
> *巴特·胡列格（Bart Hullegie），Royal Sanders 的首席执行官*

研究过的招标过程

在 IPLC，我们认为需要从制造商的角度更好地了解市场的普遍状况，特别是他们与主要零售客户之间的关系，包括合作、创新、质量、谈判过程和供应链管理等关键领域。在第 10 章中描述的研究表明，自有品牌供应商认为使用招标和与采购联盟合作只是过程的一部分，是他们必须面对的问题。然而，他们确实认为它是一种"钝器"，忽视了品类洞察力、创新和其他技能等创造价值的元素[6]。

采购联盟的使用使这个过程不再与品类经理有任何接触，并将这项工作减少到只有一个电子表格。由于电子表格被用来作为现有供应商的基准，零售者的自主创业意愿被削弱了。当涉及采

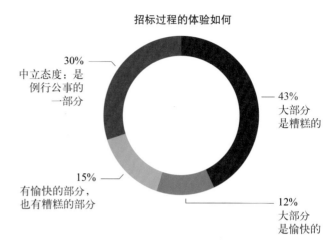

招标过程的体验如何

30%
中立态度：是
例行公事的
一部分

43%
大部分
是糟糕的

15%
有愉快的部分，
也有糟糕的部分

12%
大部分
是愉快的

（采访 316 个欧盟国家的 113 家自有品牌供应商）

购联盟时，情况就更糟糕了，供应商可能最终要和那些甚至不为自己的直接客户工作的人员打交道。许多受访者认为，虽然他们的客户负责这一流程的经理在流程管理方面非常熟练，但他们对产品、品类或市场的了解却很薄弱，甚至很缺乏。这始于初始阶段的招标简报，缺乏正确的细节，导致质量属性无法被准确判断。非常低的价格期望导致产品质量下降，从而损害了整个相关产品品类的利益。

> "我们为我们的一个主要零售客户制定了一个基于对该品类的突破性设想的完整计划。他们对我们表示感谢，并参加了招标。"
>
> *采访中的一位受访者*

人们还认为这个过程非常不人性化，有时缺乏条理，管理不善。很多时候，供应商甚至不认识负责这一过程的联系人，这使得这一过程变得更加困难。样品的时间尺度和大量的证明文件往往是不切实际的。因此，结果并不总是尽如人意。受访者说，这往往有利于现有的供应商，而对零售商来说未必有利。

还有人认为，如果没有赢得合同，整个流程显得缺乏透明度，没有给到真正的反馈。如果流程更加开放，有持续的对话，那么结果对所有相关方都会更好，供应商会尽一切努力达成长期协议。

> "我们看到，如果我们与零售客户建立了真正的、相互信任的关系，我们的工作就会做得更好，获得更多的市场份额，在所有领域的压力也会更小。"
>
> *采访中的一位受访者*

拒绝不可行的商业条件

在网络拍卖或采购联盟招标中赢得的合同往往是亏本的。这种情况很可能发生在参与方急于获得业务、计算失误、准备不充分或一时冲动时。最糟糕的情况是这四种情况兼而有之。一些制造商故意不参加拍卖，而是让他们的竞争者签订边缘化或亏本的合同。这可能会削弱他们的实力，甚至最终将他们赶出市场。有明确战略和决心的

知道何时离开

对于一个自有品牌制造商来说，拥有一个明确的战略和由此产生的目标是至关重要的。只有强烈关注内部商定的目标，才能有效地分配资源。如果缺乏这些，公司可能会受到诱惑，对所谓的有趣的机会作出反应，而明确的重点可能使它不作出反应。举个例子：多年来，一些英国零售商反复敦促欧洲大陆一家领先的自有品牌制造商向他们提供一种特定的加工食品。然而，尽管很诱人，但这些零售商愿意支付的价位却低于最低期望值，且被大陆的制造商认为是不现实的。尽管压力越来越大，但直到提供的价格（事实上一直没有变化）突然被接受的那一刻，才有产品供应。看来，英国的一些供应商在较长的时间内没有进行必要的投资。因此，自有品牌产品的质量已经下降到一个不可接受的水平。多年来，这些英国制造商根本没有投资于将产品质量保持在尽可能高的水平。事实上，所接受的合同并没有产生足够的利润来为产品质量的必要投资提供资金。

制造商会拒绝零售商提出的不切实际或商业上不可接受的要求。实力较弱的企业会以不同的方式评估所面临的情况，并会反复犹豫，内部讨论，有时半信半疑地回应所谓的机会，最终可能陷入噩梦般的境地。

在我们的实践中，我们遇到了一家自有品牌制造商，它对这一切了如指掌。该企业知道它的一些竞争对手急于寻找业务，所以故意让其竞争对手以不现实和亏损的条件拿下合同。通过给事情的进展留出时间，该公司等待这些竞争对手崩溃，然后再以更有吸引力的条件拿下同样的合同。一方面，竞争者被挤出了市场；另一方面，突然失去了供应商的零售商迅速学到了一个教训：在选择供应商时应该考虑到更多的因素。不切实际的价格和将过多的压力强加给一个制造商是有风险的。它很可能导致

关系突然中断，产品长期缺货。

管理产品系列

一些自有品牌制造商仍然宁愿回应零售商对新产品开发的具体要求，而不是把自己的生产能力作为一个出发点。如果用没有商定的标准来阻止不合适的产品出厂，可能会造成复杂而无利可图的产品组合。事先商定现有的产品以及新的配方或配方相关的最低数量和利润预期，应有助于评估零售商的前期报价要求。由于小批量和复杂的产品需要长时间的重新加工，因此，大量的机器停机，进而造成生产效率低下。这些产品可能是考虑到预期的增长潜力或为了服务零售客户而接受的。然而，如果不通过基于活动的成本计算方法进行适当的计算，也不进行监测，那么流入计划的众多产品将逐渐危及

持久的无利可图的业务

2018 年初，德国两家相对较小的自有品牌洗涤剂和家用清洁产品制造商 Thurn 和 Beromin 都破产了，因为他们接受亏损的合同时间太长。然而，这两家公司仍在经营，并由外部投资者介入进行了重组。这两家公司面临的最大挑战是大幅削减其成本基础，并恢复 Aldi、Rossmann 和 dm 等零售客户的信任。虽然不确定的形势已经开始把这些零售商推向竞争对手，但他们还是愿意提供支持。这阻止了供应方的进一步整合，在供应方中，大型企业 McBride 和 Dalli Werke 主导着市场。之前的 Thurn 和 Beromin 工厂的成本基础被大大降低。在 Beromin 工厂，一个新的销售管理部门被建立起来，员工人数从 140 人减少到 110 人。在 Thurn 工厂，节省的费用甚至更高，总人数从 320 人减少到 150 人[7]。

有效的生产，并最终损害盈利能力。根据我们的经验，这样的情况经常会发生：未经管理的自有品牌营业额的增长导致了令人窒息的产品组合复杂化，因此需要对产品组合进行合理化。事实上，定期分析产品组合，以确定那些无利可图和没有进一步增长潜力的产品，是任何自有品牌制造商必须做的，而这种自上而下排名的清单的尾部需要进行协调，以使其更好地适应生产计划，强制提价或干脆将产品除名。

为了有效利用资源，这样的分析应该每年进行一次。同时，应该对成品和原材料及包装的库存进行评估，以确定缓慢发展的产品和过时的产品。随后，应采取适当的措施。

为了评估零售商对产品要求或新产品开发的吸引力，许多零售品牌制造商在采取任何行动之前，会使用过滤程序来评估项目。销售、产品开发和生产部门的联合评估使公司避免将宝贵的资源投入到没有吸引力的项目中，并避免生产的复杂性。

总　结

自有品牌行业已经发展成为一个通常具有高度专业性的国际公司活跃的行业。规模和先进性往往是与主要零售商建立和保持长期关系的关键成功因素。

展望未来，预计零售商将对供应商行使其权力，不仅是为了改善条件，也是为了将商业管理责任转移给这些制造商。零售商希望他们的供应商能对市场趋势和最新的市场数据做出快速反应。此外，他们还需要具备良好的客户管理技能和对该品类的一致看法，并知道如何通过新的自有品牌举措来推动市场发展，以应对诸如减少包装和食物垃圾、可持续采购、动物福利、减少糖和盐等问题。

自有品牌制造业的整合主要是由私募股权计划推动的。通过购买和建设战略，创建了大型实体，其业务往往遍及欧洲。一个规模较大的实体使制造商能够更充分地抗衡零售业的整合。

自有品牌制造商必须处理生产中的复杂性，因为零售商期望定制解决方案。同时，必须极其有效地分配资源以保持成本领先。

欧洲自有品牌行业的成功者有能力在实体产品的基础上创造附加价值。通过这样做，他们能够在价格之外的其他因素上进行竞争。

在大多数情况下，自有品牌制造和维护品牌的战略很难在一家公司内结合起来，并可能阻碍前者的卓越运营。

自有品牌制造商与他们的主要零售客户之间的关系被描述为跨越关键领域，如合作、创新、质量、谈判过程和供应链管理。

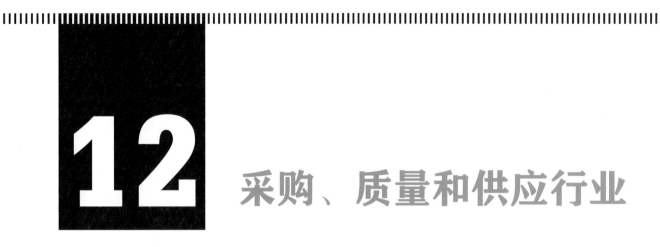

采购、质量和供应行业

合同制造

在自有品牌的市场份额不断增长的背景下，自有品牌的市场份额不断增长，出现了相当规模的制造商。这些制造商有着非常专业的管理，通常是低成本制造的真正倡导者。他们习惯于为广泛的零售商进行合同生产，也同样有能力为第三方拥有的品牌进行生产。这并没有逃过品牌制造商的眼睛，其中的一些制造商多年来已经被自有品牌夺去了市场份额。越来越多的品牌制造商不再将生产视为其核心业务，品牌制造商更愿意把他们的资源集中在卓越的供应链上，以及用一流的销售和营销团队建立和管理他们的品牌，他们可能会考虑将其产品的制造外包，而不是继续投资于生产运营和最新技术。

在这种情况下，选择自有品牌行业中一流的制造商是非常有意义的。这些公司擅长以低成本进行高效生产，并有能力在其生产计划中处理多种产品。作为一个例子，我们要提到德国巨头 Dalli Werke，其是自有品牌家居清洁品类的制造商。这家公司为宝洁公司生产一些洗衣粉产品。此外，CODI 国际公司为拜尔斯道夫和宝洁公司提供湿纸巾，为可口可乐公司提供 Refresco 碳酸饮料。

由于零售商对其自有品牌供应商的质量管理要求极高（BRC 和 IFS-A 级认证现在是向主要零售商供货的先决条件），因此在这方面不应该有问题。人们可能认为，对于新产品的推出和创新，品牌制造商不愿意外包。然而，情况并不一定如此，因为新产品的推出可能涉及大量的不确定性。由于可能需要对生产设施进行资本投资，品牌制造商可能更愿意在第一阶段进行外包，以减少财务风险。

后向一体化

供应商、零售商和制造商在这个过程中的角色正在发生变化。零售商越来越有能力在制造的各个阶段和整个供应链中管理他们的品牌，并使之获利。一些零售商甚至已经采取举措，使自己变得更加垂直整合，并控制了产品的生产。零售商对垂直整合的兴趣可以由多种原因驱动，例如，扩大自有品牌的渗透率，产生大量的产品以证明自己的控制权，提供食品供应的安全性，保障食品安全和供应链的可追溯性，或快速响应折扣零售商的活动。此外，通过对供应链的深入了解，获得品牌的影响力也是一个设想的目标。零售商也可能期望垂直整合能减少他们对供应商的依赖，改善供应链的长期规划和控制。特别是对大型零售商来说，垂直整合可能是一个有吸引力的选择，可以将特定的产品组完全整合到供应链中。

然而，后向一体化的一个主要缺点是，它将不再有可能让各种自有品牌制造商在供应合同的年度谈判中竞争。因此，将没有机会定期对供应条件进行基准测试。还有人认为，制造是对零售商核心业务的不必要的分心。

例如，Lidl 是具有积极后向一体化战略的零售商之一。到目前为止，这家折扣店有 4 个直接控制的食品生产设施。第一个是 Lidl 在 2005 年收购的 MEG（Mitteldeutsche Erfrischungsgetränke），

Lidl 在这里生产大部分的碳酸软饮料。接下来，在 2010 年，Lidl 在 Aachen 和 Bonback 附近建立了自己的 Solent 巧克力工厂。第三个是为其店内面包店提供半成品面团的。此外，在 2015 年，Lidl 宣布在 Übach-Palenberg 建立一个冰激凌生产厂，以确保长期供应和交付，并预计投资 2—2.5 亿欧元用于建造一个两层楼的工厂，其总共有 10 条生产线。Lidl 的目标是为德国和国际市场生产多达 20% 的自有冰激凌[1]。

同样，在制造商 Sonnländer 破产后，Edeka 于 2013 年收购了德国和波兰的 4 个果汁生产厂。后者多年来一直向 Edeka 提供自有品牌产品[2]。

Intermarché 目前拥有 61 个生产设施，生产 45% 的自有品牌产品[3]。此外，Migros 以及瑞士的 Coop 在很大程度上都是垂直整合的公司。他们的大部分自有品牌都是在公司拥有的生产厂里生产的。Coop 瑞士公司总共有 9 个食品和非食品生产厂，生产各种巧克力、化妆品、家用清洁剂、面食、即食食品和饮料。自 2011 年以来，Coop 拥有了自己的矿泉水源，自有品牌 Swiss Alpina 和 Prix Garantie 在这里装瓶[4]。

总部设在英国的 Morrison 拥有 16 个生产基地，这使得该零售商能够对其市场上的折扣零售商活动做出快速反应。该公司通过削减新鲜食品和肉类等 1000 种商品的成本发起了一场价格紧缩运动，在这些商品中，折扣零售商正在改进他们的产品，并与四大零售商展开正面竞争[5]。

"Morrisons 公司一半以上的产品都是自己生产的，因此与竞争对手相比，它对其主张的价格因素有更大的控制权"

杜伊谷·哈德曼（Duygu Hardman），*Verdict Retail* 的食品制造商分析师

生产过程的认证

零售商是在其商店中提供的自有品牌产品的所有者。由于他们的名声在外，不想因提供质量低劣或不稳定的产品而承担任何风险。因此，他们热衷于进行适当的检查，以确保产品符合规格并具有良好的质量，这一点不足为奇。

另一方面，根据欧盟法律，零售商要对贴有他们自己的标签的产品的安全负责。最近，公众对诸如牛肉汉堡中的马肉、涉嫌藐视散养鸡蛋生产规则的家禽养殖场、掺假的橄榄油和用水增加鱼虾重量等食品丑闻的愤怒情绪，引起了对供应商质量控制系统的日益关注。在欧洲，IFS 或 BRC 的认证是参与自有品牌食品招标的先决条件。

BRC 食品安全全球标准是 1996 年被英国的零售商接受的一项产品和过程认证标准，因为他们承认在分享经验和合作开发一个强大的系统方面有很大的优势。BRC 全球标准的推出主要是为了确保符合法律要求。制定该标准的目的是协助零售商确保履行其法律义务，并最终保护消费者的健康。零售商在法律上有义务采取一切合理的预防措施，并尽职尽责，避免出现故障。这包括对自有品牌产品的食品生产设施的技术性能进行核查[6]。

BRC 全球标准旨在提高供应商标准并提供一致性，同时协助防止产品不合格并减少食品制造商所需的审核次数。最后，对零售商目标的支持和提供简明的信息以协助尽职调查辩护也是这些标准变得如此受欢迎的原因之一[7]。

今天，BRC 认证是一个国际公认的食品安全和质量标志。认证是由经认可的认证机构根据标准要求进行第三方审核。

在欧洲大陆的大多数国家，对食品制造商的生产过程和产品的食品安全和质量进行审核的单独标准得到了认可，即国际食品标准（IFS）。为食品行业制定统一标准的想法来自 2002 年，基于零售商的要求，他们也都面临着类似的挑战：他们对其贸易品牌负有法律责任，必须确保产品符合法律要求和自身规范。

在 2003 年之前，所有的零售商都是通过自己的或委托的认证机构根据各自的检查清单对其供应商进行审核。而这产生了很高的成本，需要大量的时间来计划和执行。此外，对于制造业来说，各种审核的数量和部分相似的审核内容也是一个很大的负担。为了减轻所有参与者的负担，德国工业联合会（HDE）和一些零售商于 2003 年制定了第一份统一的检查表，即 IFS 食品标准，并在 2004 年与法国贸易协会（FCD）合作对其进行了修订[8]。

工厂审核

今天，大多数向欧洲主要零售商供货的自有品牌食品制造商必须同时遵守 BRC 和 IFS 的规定。除了这些标准外，零售商还需进行他们自己的工厂审核。

在英国和其他许多国家发生马肉丑闻后，英国食品系统发表了一份报告。该报告指出，犯罪分子有可能将食品视为一个越来越有吸引力的领域，因为它提供了获得巨大利润的潜力，而检测风险相对较低。该报告呼吁采取新的措施，以便更好地保护消费者，这些措施包括：从公布的工厂审核改为不公布的工厂审核，更有力的检查和测试，更好的情报共享以及建立一个专门的单位来打击食品犯罪。虽然更严格的控制体系确实可以降低风险，但正是对廉价食品不惜一切代价的追求，可能为欺诈创造了条件，这些都是食品体系本身的问题[9-10]。"马肉门"是纯粹的欺诈行为，现在已经导致自有品牌公司的成本增加。尽管他们中的大多数人是诚实的，但他们现在确实不得不分析肉类以确定其物种的含量。

从另一个角度看，我们也可以说，零售商本身也很脆弱。由于品类经理和买家的不断轮换，在零售业的关键决策岗位上很少有人能掌握真实的产品知识。如果提供的条件听起来好得不像真的，就应该敲响警钟。在这种情况下，一个有经验的专业人员会开始提问，而一个没有经验的年轻经理可能毫无觉察。

突击审核是为了给食品企业的实际标准和合规程度提供更客观的描述。通过已公布的审核结果，让公司有时间准备，可以在审核当天提高经营的物质和卫生标准，同时可以审查食品安全管理系统，并在发现漏洞时及时弥补。这样，公司能够在审核当天以最佳的方式展示其业务和控制措施，并尽可能减少不符合项，取得更好的审核结果。

食品制造商在任何时候都必须遵守 BRC 和 IFS 的规定，而审核也更应该提供这方面的证明。因此，审核员在工厂门口出现，无论是事先通知还是不通知，都不应该有任何区别，制造商不应该花几个小时，更不用说几天的时间来准备审核。系统、卫生、安全和文件应始终处于良好状态，而不仅仅是在审核时。然而，可以说，对于一些自有品牌的制造商来说，事先通知和不通知的审核本身就会成为一种负担。对于向大量零售客户供货的大型制造商来说，持续的审核可能会相当令人不安。对他们中的一些人来说，每两周接受一个客户的审核是很正常的。例如，Freiberger 公司在英国的 4 个工厂每周都有一次以上的审核。显然，这占用了宝贵的资源，而这些资源本可以分配到公司的其他地方，或者帮助公司在价值链上节约成本。

食品供应链中的区块链

我们的全球食品供应已经变得如此复杂，以至于食品生产商和零售商几乎不可能在任何时候都保证其产品的来源。与任何行业一样，只要有机会，就不可避免地会有一些人利用这种情况。我们的食物被人为篡改并不是什么新鲜事儿。区块链在食品安全中的应用使食品溯源成为可能，可追踪产品的来源，增强食品的真实性和安全性。虽然区块链这个词正在成为主流，但对很多人来说，其基本的理解仍然对很多人来说是混乱的。

区块链被开发为一个去中心化的平台，用来记录交易，并将这些信息存储在一个全球网络中，以防日后被更改。区块链提供了一个中立的开放平台，不需要第三方来授权交易，而是一套所有参与者，包括用户和系统运营商，都必须遵守的规则。在信任度低、合规性难以评估的复杂供应链中，这样的系统是非常宝贵的。因此，难怪《经济学人》将区块链称为"信任机器"。比正在收集的食品信息更重要的是，拥有这些数据如何能促进行动。一个专注于结合区块链和物联网的食品监测系统，可以使快速和准确地跟踪食品从农场到餐桌以及中间的任何地方成为可能。使这些数据易于访问，可以提高官员和消费者在发生违反健康规定或食物中毒事件发生前后采取行动的能力[11]。这为供应链中的每个行为者带来了巨大的好处。对于食品生产商来说，区块链意味着在食品通过供应链时，任何试图篡改食品的行为都可以在食品到达零售商之前被立即识别和阻止。对于零售商来说，如果一个潜在的危险食品以某种方式进入货架，商店可以识别并只下架违规的产品，无需进行昂贵的批量召回。对于消费者来说，区块链提供了必要的透明度和公开性，以保证他们所吃的食物正是标签上所说的那样。目前，由于信息不对等，消费者无法识别优质食品。

用区块链追踪食物

通过使用简单的二维码和智能手机，客户可以在销售点扫描包装，并收到他们的食物从农场到餐桌的全部完整历史记录。这在食品溯源的灰色领域特别有用，如原产地标签。这是食品信息中难以区分真假的一个要素。例如，一个产品可能声称是英国猪肉，但实际上它的原产地是法国，仅仅是随后在英国加工过。

区块链在这里是一个有用的工具，因为它记录了与物品的每一次互动，并为其分配了一个数字证书，这意味着公司无法改变或掺假，以掩盖产品的真实来源和在生产链上的流动情况[12]。

供应业的新方法

长期以来，品牌制造商推动了食品行业的创新。市场和消费者研究为产品开发团队创造新概念提供洞察力。经过小组测试和微调后，这些产品被塑造成可以上市的产品，并在巨大的营销支持下推出。很多时候，创新的灵感来自供应行业，如原材料、包装、成分、添加剂、香精和香料的制造商，从而促使品牌所有者推出新产品。然而，时代已经发生改变，因为自有品牌使品牌制造商的创新受到冷落。

品牌制造商越来越不愿意创新，因为创新的成

Albert Heijn 的区块链

从 2018 年 9 月开始，Albert Heijn 和自有品牌常温橙汁供应商 Refresco 决定通过使用区块链技术，在供应链中提供更多透明度。在此之前，消费者从未能够以这种方式跟踪像橙汁这样的产品链。通过二维码，他们可以看到巴西橙子园的水果在哪里收获，以及橙子一路走来的路线，直到果汁被装进商店货架上的瓶子。有了这种完整的可追溯性，消费者就能更进一步了解产品的透明度。

除其他事项外，还记录了果汁制造商对食品安全和可持续性的质量标准。区块链还包含橙子本身的信息，包括收获日期范围和甜度。

消费者可以在链上看到这些细节，甚至可以通过"点赞"功能向种植者发送赞美。

随着供应链透明度的重要性不断提高，Albert Heijn 决定公开透明地与客户分享其产品供应链中的所有步骤，以确保产品的生产是尊重人类、动物和环境的。Albert Heijn 表示，在某些情况下，一个生产过程可以相对容易地变得透明，例如来自荷兰的水果和蔬菜。然而，对于其他产品来说，这就比较困难了，因为这些产品有一个较长的链条，或者由多种成分组成。通过使用区块链———一种记录产业链中每一个步骤的技术，可以向客户展示这些产品是如何生产的以及由谁生产的[13]。

本很高，失败的风险很大。只有 20% 的新产品被认为是成功的，并在推出 3 年后仍在货架上。可悲的是，成功的新品牌产品被零售商以自有品牌的形式复制。结果，不仅市场份额被品牌侵蚀，而且收入也遭到损失，被用以支付昂贵的创新和相当多的营销预算。供应业意识到这一趋势，发现通过品牌途径将其创新推向市场越来越困难。

另一方面，零售商接受了更加雄心勃勃的战略，并寻求通过增值型自有品牌来扩大其自有品牌的市场份额。零售品牌制造商面临着零售商的挑战，他们需要零售商的支持，以满足特定细分市场的需求。自有品牌在这一过程中起着举足轻重的作用，因为包装、味道、香味和成分都可以根据零售商的具体要求进行定制。

供应业已经看到欧洲自有品牌市场的惊人增长，这极大地改变了其竞争环境。值得注意的是，在高端市场上，零售商已经占据了主导地位。根据 Mintel 的数据，在 2017 年推出的所有高端自有品牌中，欧洲品牌占了一半以上（57%）。高端化的结果是，现在欧洲每 10 个新推出的自有品牌产品中就有 1 个以高端自有品牌的形式出现的，如 Carrefour 的 Selection、Lid 的 Deluxe、Tesco 的 Finest 和 Delhaize 的 Taste of Inspirations 等高端自有品牌。

多年来，材料供应商已经看到随着自有品牌生产商地位的提高，他们的客户群也发生了变化。这种转变要求我们对市场有不同的定位，对自有品牌制造商的具体商业模式和自有品牌供应链的动态有更好的了解。

长期以来，供应行业只与自有品牌制造商接触，将他们的创新推向市场。但是，由于是零售商拥有品牌并推动创新进程，供应行业的游戏规则已经发生了改变。因此，他们必须积极与零售品牌制造商（"推"）和零售商（"拉"）合作，以推动创新进程。这条通往市场的新路线是难以驾驭的，而供应行业也可能发现其很难理解其中的机制。

低调神秘

零售品牌制造商在低调神秘地运作，因为他们的名字不在最终产品的包装上。在品牌制造商的市场对供应行业透明的情况下，这与自有品牌制造商的情况截然不同。Albert Heijn、Rewe、Leclerc 或 Sainsbury's 等零售商品牌背后的供应商通常不为人知，因为它们的名字没有出现在产品包装上。然而，这些标签背后的供应商数量是巨大的。在 2018 年，世界上最大的自有品牌贸易展，即阿姆斯特丹年度 PLMA 展会上有超过 2600 家制造商参与。欧洲自有品牌制造商的数量实际上要比这高得多，供应行业要找到自己的方向不容易。

不同的商业模式

如第 6 章所述，零售品牌供应商的商业模式与品牌制造商有显著差异。由于单一目标群体的方法，自有品牌制造商的关注重点是与零售商建立和维护良好的关系。成功的关系有助于形成富有成效的和长期合作的机会。因此，自有品牌制造商通常与他们的零售客户在个人接触和信任的基础上建立起历史性的紧密关系。尽管自有品牌制造灵活性生产是必需的，但是供应商也要努力使零售商的需求与他们的生产能力相匹配。这有时可能是一个挑战，供应行业必须意识到，他们与零售商的合作可能与制造商的利益相冲突。

绕行风险

如果供应行业直接与零售商接触，他们就会冒着自有品牌制造商可能会感到被自己的供应商绕过的风险。例如，如果供应商说服零售商坚持使用不一定符合自有品牌商能力的成分或包装，或需要额外的投资。因此，供应行业必须要尊重并遵守明确的参与规则，避免利益冲突。

这可能是一个棘手的雷区，但同时与零售商和自有品牌制造商合作则可以取得成功。这是一种平衡的行为，需要深入了解潜在的问题和最佳实践知识，这样才能避免落入陷阱。

生物基的牛奶容器

2018 年 9 月，荷兰乳品制造商 Farm Dairy，率先在欧洲市场推出了生物基牛奶容器。该容器由 100% 的生物基聚乙烯（PE）组成，其原料来自可再生材料（甘蔗），而非化石原料。总包装的生物基含量为 98%，包括生物基瓶盖和生物基套筒。生物基聚乙烯不可降解，但具有良好的回收性能。作为 Farm Dairy 的客户，Albert Heijn 是第一个在荷兰市场推出这种可持续包装的公司。AH 有机牛奶装在一个 2 升的有机容器里正好是一个完美的搭配。

这个瓶子是与绿色 PE 供应商 Braskem 合作开发的。不仅容器（来自 Farm Dairy 自己的吹塑生产），而且瓶盖和套筒也是由 Bericap 和 CCL 分别为这次推出的产品特别开发的。

这 2 升生物基牛奶容器是一个项目成果。在该项目中，包装供应商与制造商 Farm Dairy 和零售客户 Albert Heijn 紧密合作，共同应对挑战，使更多的食品和饮料采用可持续发展的包装[14]。

Albert Heijn 是第一个在荷兰市场推出这种可持续包装的公司

总　结

越来越多的品牌供应商不再将制造业视为他们的核心业务，而是将其生产外包给自有品牌行业的最佳制造商。

一些零售商已经采取举措，变得更加垂直整合，并控制了自己的产品制造。

尽管制造业造成了对零售商核心业务不必要的干扰，但其中一些人则期望垂直整合能减少对供应商的依赖，改善供应链的长期规划和控制。

后向一体化的一个主要缺点是，零售商不再能够定期对供应条件进行基准测试。

在欧洲，IFS 或 BRC 的认证是参与自有品牌食品招标的先决条件。

食品安全领域的区块链使食品溯源成为可能，跟踪产品的来源信息增强了食品的真实性和安全性。

由于成本很高，失败的风险也很大，品牌制造商越来越不愿创新。供应行业已经意识到了这一趋势，并发现它越来越难通过品牌路线将其创新推向市场。

多年来，随着自有品牌制造商重要性的提高，材料供应商的客户群发生了转变。这需要我们对市场有不同的定位，对自有品牌制造商的具体商业模式和自有品牌供应链的动态有更好的了解。

对供应行业来说，直接与零售商接触可能是一个雷区，但同时与零售商和自有品牌制造商合作则可以取得成功。这是一种平衡的行为，需要深入了解潜在的问题和最佳实践知识，这样才能避免落入陷阱。

自有品牌体系结构

在 2018 年 12 月到 2019 年 2 月之间，我们访问了许多零售商的门店。目的是进行必要的和补充性的实地调查，并获得用于摄影的样品，以支持这本书。一些知道本书正在进行中的零售商甚至送来了还没有被推出的样品。

我们收集了不同国家的 20 家主要零售商的自有品牌项目的样品。这才有了对品牌所有者（零售商）所选择的各种自有品牌架构和包装设计的代表性印象。

尽管我们的目标是尽可能地保持其准确和完整，但不能排除这种介绍可以被修改或改进。必须强调的是，自有品牌的品种，特别是包装设计是不断变化的。

在上述期间进行的商店检查是 IPLC 多年来定期访问商店的模式中的一部分。长时间的观察证实了零售商热衷于用有吸引力的改良包装来吸引消费者。大多数零售商都明白，不断加强其自有品牌的包装设计的吸引力的重要性。

英国

法国

德国

瑞士

爱尔兰

澳大利亚

意大利

西班牙

葡萄牙

希腊

捷克共和国

比利时

卢森堡

荷兰

丹麦

俄罗斯

瑞典

挪威

波兰

塞尔维亚

TESCO

英国 Tesco

"好"层级

"更好"层级

"最好"层级

有机

无麸质

健康

儿童

生态友好

 法国 E. Leclerc

"好"层级

"更好"层级

"最好"层级

区域

国家　　　　　　　　　　　　　　　　　　有机

无麸质　　　　　　　　　　　　　健康

德国 Edeka

"好"层级

"更好"层级

"最好"层级

国家

有机

素食主义和有机

无麸质

健康与美容

荷兰 Albert Heijn

"好"层级

"更好"层级

"最好"层级

有机

无麸质

生态友好

投资品牌

清洁标签

比利时 Delhaize

"好"层级   "更好"层级

"最好"层级   有机

卢森堡 Cactus

生态友好

"更好"层级

意大利 Coop

"更好"层级

区域（"最好"层级）

有机　　　　　　　　　　　　　　无麸质

健康　　　　　　　　　　　　　　公平贸易

瑞士 Coop

"好"层级

"更好"层级

"最好"层级

有机

素食主义

动物福利

澳大利亚 Spar

"好"层级

"更好"层级

"最好"层级

有机

无麸质

健康

传统风味

即食食品

素食主义

便携

西班牙 Eroski

"好"层级

"更好"层级

"最好"层级

健康与美容

CONTINENTE 葡萄牙 Continente

"好" 层级   "更好" 层级

"最好" 层级   有机

CONTINENTE

健康

健康与美容

即食食品

希腊 AB Vassilopoulos

"好"层级

"更好"层级

区域（"最好"层级）

有机

生态友好

儿童

健康与美容

DUNNES STORES

爱尔兰 Dunnes Stores

"好" 层级

"更好" 层级

"最好" 层级

瑞典 ICA

"好" 层级

"更好" 层级

"最好" 层级

有机

无麸质

无乳糖

生态友好

丹麦 Bilka

Bilka

"好"层级

"更好"层级

"最好"层级

有机

挪威 Unil

"好" 层级

"更好" 层级

"最好" 层级

有机

儿童

捷克共和国 Albert

"好"层级

"更好"层级

即食食品

有机

无麸质

有机婴儿食品

当地

塞尔维亚 Maxi

"好"层级

"更好"层级

俄罗斯 Lenta

"好"层级

"更好"层级

投资品牌

波兰 Biedronka

"更好"层级   "最好"层级

参考文献

第1章

[1] Jager, J.L., 1993. "Arm en Rijk kunnen bij mij hun inkopen doen". Tirion uitgevers.

[2] Leeflang, P.S.H. and P.A. Beukenkamp, 1981. *Probleemgebied Marketing, een Management-benadering.* Stenfert Kroese B.V., Leiden, the Netherlands.

[3] UK Competition Commission Grocery Market Inquiry, final report published 30 April 2008. Working paper on the competitive effects of own label goods.

[4] Steenkamp, J.B.E.M. and I. Geyskens, 2010. *What drives store brand performance? An analysis across categories and continents.* Working paper.

[5] Kapferer, J.N. and J.C. Thoening, 1992. "Les consommateurs face à la copie 'étude sur la confusion des marques créé par l'imitation". *Revue Française du Marketing,* N. 136, p. 53–69.

[6] Szymanowsky, M., 2009. *Consumption-Based Learning About Brand Quality: Essays on How Private Labels Share and Borrow Reputation.* Doctoral dissertation.

[7] Kapferer, J.N. and J.C. Thoening, 1992. "Les consommateurs face à la copie 'étude sur la confusion des marques créé par l'imitation". *Revue Française du Marketing,* N. 136, p. 53–69.

[8] "Brand copies are here to stay". *The Grocer,* 18 August 2018.

[9] "Going to war with the lookalikes". *The Grocer,* 24 January 2015.

[10] "Slimming World threatens to sue Aldi over new healthy 'SlimFree' ready meal range". *The Sun,* 15 October 2017.

[11] Kapferer J.N., 2004. *The Logic of Retail Brands.* in *The new Strategic Brand Management: Creating and Sustaining Brand Equity Long Term.* Kogan Page, London.

[12] Collins-Dodd, C. and J.L. Zaichkowsky, 1999. "National brand responses to brand imitation: retailers versus other manufacturers". *The Journal of Product and Brand Management,* Vol. 8, p. 2.

[13] Kumar, N. and J.B.E.M. Steenkamp, 2007. *Private Label Strategy: How to Meet the Store Brand Challenge.* Harvard Business School Press, Boston.

[14] "Copycat products dupe up to 64 percent of shoppers". *The Grocer,* 19 August 2017.

[15] Gupta, R. and S. Sen, 2013. 'The Effect of Evolving Resource Synergy Beliefs on the Intentions-Behavior Discrepancy in Ethical Consumption'. *Journal of Consumer Psychology,* 23 (1), p. 114–121.

[16] "Heck owner accuses Aldi of copying Chicken Italia sausages". *The Grocer,* 18 July 2018.

第2章

[1] Stych, M., 2010. *Power Shift in FMCG, How Retailers Are in Control and What Suppliers Can Do About it.*

[2] *Top–10 Channel rankings.* Planet Retail, 2017.

[3] *Retaining Consumers Tempted by the Discount Model.* IPLC Research Report, 2016.

[4] *Siegeszug dank gutem Image Das Geschäft mit Eigenmarken brummt.* NTV Samstag, 24 February 2018.

[5] IGD on 2008 and Analyst Group LZ Retailytics on 2018.

[6] *Retaining Consumers Tempted by the Discount Model.* IPLC Research Report 2016.

[7] Vroegrijk M., E. Gijsbrechts and K. Campo, September 2016. "Battling for the Household's Category Buck: Can Economy Private Labels Defend Supermarkets Against the Hard-Discounter Threat?". *Journal of Retailing,* Vol. 92, Issue 3, p. 300–318.

[8] *Tesco's new discounter range.* IGD Special analysis, September 2008.

[9] Whitehead, J., 30 September 2008. "Tesco's Discount Gamble". *Marketing Magazine.*

[10] "Why Aldi and Lidl will keep on growing". *Management Today,* 1 May 2018. KANTAR Worldpanel.

[11] *Will growth at discounters slow in the next five years? Don't bet on it!* The Grocer, 24 June 2016.

[12] "Centre Stage, Own label has stolen the limelight as retailers put revamped ranges front and centre. Will brands be able to fight back?". *The Grocer*, 15 April 2017.

[13] "Tesco suppliers braced for next phase of Reset". *The Grocer*, 2 June 2018.

[14] "Tesco takes on discounters in own brand with price pledge". *The Grocer*, 19 November 2016.

[15] "Does Farms spell the end for good, better, best tiering?". *The Grocer*, 22 April 2017.

[16] "How Tesco is taking on the discounters with value own label rebrand". *Marketing Week*, 21 March 2016.

[17] "Tesco takes flak over new 'misleading' Farm Brands'. *The Grocer*, 17 December 2016.

[18] "Tesco's big brand cull to fight Aldi and Lidl: Well known names and Everyday Value range replaced by new lines of own products". *Daily Mail*, 28 June 2018.

[19] "Now Asda gets on the Farm trail with value fresh range". *The Grocer,* 15 April 2017.

[20] "Big brands count the cost as Sainsbury's declares war". *The Grocer*, 24 June 2018.

[21] "Sainsbury's starts a 'war on brands' at trade briefing". *The Grocer*, 17 June 2017 and 'Big brands count the cost as Sainsbury's declares war'. *The Grocer,* 24 June 2017.

[22] Based on physical store check by IPLC 9 August 2018.

[23] Kumar, N. and J.B.E.M. Steenkamp, 2007. *Private Label Strategy: How to Meet the Store Brand Challenge.* Harvard Business Press.

[24] Dobson, P. and R. Chakraborty, 2009. *Private labels and branded goods: 'consumers' 'horrors' and 'heroes'. Labels, Brands and Competition Policy: The Changing Landscape.*

[25] Bazoche P., E. Giraud-Héraud and L.G. Soler, 2005. "Premium Private Labels, Supply Contracts, Market Segmentation, and Spot Prices". *Journal of Agricultural & Food Industrial Organization.*

[26] *Moving Up, Premium products are in high demand around the world.* Nielsen report, December 2016.

[27] "Innovation stations!". *The Grocer*, 13 May 2017.

[28] Press release on Mintel GNPD: Global New Products Database, April 2018.

[29] Corstjens, M. and R. Lal, 2000. "Building store loyalty through store brands". *Marketing Resources.*

[30] Chung, H. and E. Lee, 2018. "Effect of Store Brand Introduction on Channel Price Leadership: An Empirical Investigation". *Journal of Retailing,* p. 21–32.

第 3 章

[1] Hanneke Faber, 2018. President Europe at Unilever in Management Scope no. 7.

[2] Abril, Carmen and Mercedes Martos-Portal, 2013. "Is product innovation as effective for private labels as it is for national brands?" *Management policy & practice,* p. 337–349.

[3] Nielsen Breakthrough innovation report, European edition, December 2016.

[4] "Eyes Wide Shut, What If Innovation Partners". *The Grocer,* 26 July 2014.

［5］ Mintel: Europe leads on private label launches, 27 Apr 2018, Mintel Global New Products Database (GNPD).

［6］ Pepe, M.S., R. Abratt and P. Dion, February 2012. "Competitive advantage, private-label brands, and category profitability". *Journal of Marketing Management,* Vol. 28, Nos. 1–2, p. 154–172.

［7］ Keller, K.L., 2001. "Building customer-based brand equity". *Marketing Management,* Vol. 10.

［8］ Anselmsson, J., U. Johansson and N. Persson, 2007. "Understanding price premium for grocery products, a conceptual model of customer-based brand equity". *Journal of product and brand management,* Vol. 16.

［9］ Tikkanen, I. and M. Vääriskoski, 2010. "Attributes and benefits of branded bread: case Artesaan". *British Food Journal,* Vol. 112.

［10］ Anselmsson, J., U. Johansson and N. Persson, 2007. "Understanding price premium for grocery products, a conceptual model of customer-based brand equity". *Journal of product and brand management,* Vol. 16.

［11］ Anselmsson, J., N. Vestman Bondesson and U. Johansson, 2014. "Brand image and customers' willingness to pay a price premium for food brands". *Journal of Product & Brand Management.*

［12］ Anselmsson, J., U. Johansson and N. Persson, 2007. "Understanding price premium for grocery products, a conceptual model of customer-based brand equity". *Journal of product and brand management,* Vol. 16.

［13］ Anselmsson, J., N. Vestman Bondesson and U. Johansson, 2014. "Brand image and customers' willingness to pay a price premium for food brands". *Journal of Product & Brand Management.*

［14］ Dobson, P. and R Chakraborty, 2009. *Private labels and branded goods: 'consumers' 'horrors' and 'heroes'. Labels, Brands and Competition Policy: The Changing Landscape.*

［15］ Ter Braak, A., M.G. Dekimpe and I Geyskens, 2013. "Retailer Private-Label Margins: The Role of Supplier and Quality-Tier Differentiation". *Marketing.*

［16］ Martos-Partal, M., and O. González-Benito, 2011. "Store brand and store loyalty: the moderating role of store brand positioning". *Marketing Letters.*

［17］ Dhar, Sanjay K. and Stephen J. Hoch, 1997. "Why Store Brand Penetration Varies by Retailer". *Journal of Marketing Science.*

［18］ Martos-Partal, M., and O. González-Benito, 2011. "Store brand and store loyalty: the moderating role of store brand positioning". *Marketing Letters.*

［19］ De Jong, K.A.M, 2007. *Private Labels in Europe: Trends and Challenges for retailers and manufacturers.*

［20］ Nenycz-Thiel, Magda and Jenni Romaniuk, 2016. "Understanding premium private labels: A consumer categorization approach". *Journal of Retailing and Consumer Services.*

［21］ H. Onur Bodur, Maryam Tofighi, Bianca Grohmann, June 2016. "When Should Private Label Brands Endorse Ethical Attributes?" *Journal of Retailing,* Vol. 92, Issue 2, p. 204–217.

［22］ Kumar, N. and J.B.E.M. Steenkamp, 2007. *Private Label Strategy: How to Meet the Store Brand Challenge.* Harvard Business Press.

［23］ Nenycz-Thiel, Magda and Jenni Romaniuk, 2016. "Understanding premium private labels: A consumer categorization approach". *Journal of Retailing and Consumer Services.*

［24］ *Opportunities in the Value Added Private label market.* IPLC Research Report 2018.

［25］ Kumar, N. and J.B.E.M. Steenkamp, 2007. *Private Label Strategy: How to Meet the Store Brand Challenge.* Harvard Business School Press, Boston.

［26］ Nenycz-Thiel, Magda and Jenni Romaniuk, 2016.

"Understanding premium private labels: A customer categorisation approach". *Journal of Retailing and Consumer Services.*

[27] "Like moths in a flame". *The Grocer*, 7 July 2018.

[28] Northumbrian Fine Foods Business improvement director David Wood in Gluten Free Haven, 20 August 2018.

[29] ESM issue 2, 2018, Grocer 7 July 2018 Kantar World-panel.

[30] Handelsmarken nutzen Trend zur Regionalität Markenartikel 7 September 2018 (based on The Trademark monitor by Ipsos and Lebensmittelzeitung).

[31] Guichard Perrachon: Casino relance une MDD historique, *Linaires*, 5 February 2016.

[32] "Asda own-label beer proves big in Japan". *The Grocer*, 29 August 2013.

第 4 章

[1] *Retailers like Adiya Birla More, Bharti Retail, Reliance Retail and others pull out own brands from shelves.* Indian Economic Times, 4 December 2014.

[2] Schreijen, S., July 2014. *Private label in Online Food Retail*, Rabobank International, Food & Agribusiness Research and Advisory, Rabobank Industry Note #449.

[3] Floridi, L., 2015. *The On-life Manifesto.*

[4] *Brain friendly packaging.* Neurensics neuromarketing research, 29–11–2018.

第 5 章

[1] Nielsen Retail Measurement Services, 2017.

[2] *The Supermarkets of Tomorrow.* LZ Retailytics Analysts view Discounters, 2018.

[3] Kantar Worldpanel website.

[4] *Discounters in search of the perfect size.* LZ Retailytics, 2018.

[5] Discounter battles in Poland, *Global Retail Brands* 14 March 2018.

[6] Vieth, W., 2018. *Die Aldi Brüder — Das Erste.*

[7] Lamey, L., 2014. "Hard economic times — the dream of discounters". *European Journal of marketing*, Vol. 48.

[8] "Aldi bricht mit Rabatt-tabu". *Lebensmittel Zeitung*, Vol. 3, 19 January 2018.

[9] "Lidl lockt mit individuellen Angeboten". *Lebensmittel Zeitung*, Vol. 34, 24 August 2018.

[10] Steenkamp, J.B. and L. Sloot, 2018. *Retail Disruptors, The spectacular rise and impact of the hard discounters.*

[11] LZ Retalylitics

[12] "Netto North testet neues Filialformat Zehn Testmärkte — Entscheidung über Rollout fällt Anfang 2019 — Obst und Gemüse ausgebaut". *Lebensmittel Zeitung*, Vol. 34, 24 August 2018.

[13] Stürmische Zeiten. *Lebensmittel Zeitung*, Vol. 28, 10 July 2015.

[14] GFK Versrapport, 2018

[15] *Retaining Consumers Tempted by the Discount Model.* IPLC Research Report 2016.

[16] *Driving Private Label Growth through Collaboration.* IPLC Research Report 2017.

[17] Hattersley, L., B. Isaacs and D. Burch, 2013. *Supermarket power, own labels and manufacturer counterstrategies: international relations of cooperation and competition in the fruit canning industry.*

[18] "The Grocer Own Label Awards 2018: the winners". *The Grocer*, 15 May 2018.

[19] *Driving Private Label Growth through Collaboration.* IPLC Research Report 2017.

[20] "The hard discount threat". *Supermarket News*, 24 November 2014.

[21] IPLC simulation based on an extrapolation on Irish market data.

[22] The Irish Times, 17 December 2018.

[23] *Driving Private Label Growth through Collaboration.*

IPLC Research Report 2017.

[24] *Ranking der Top-10-Werbungtreibenden in Deutschland von Januar bis November 2018 (in Millionen Euro).* Statista website.

[25] "Wir sind zu zurückhaltend — Offensiv: Klaus Gehrig will Lidls Außenauftritt verändern". *Lebensmittel Zeitung*, Vol. 18, 4 May 2018.

[26] "Aldi harmonisiert das Sortiment — Mehr Eigenmarken in gleicher Aufmachung — Neue Möglichkeiten der Vermarktung". *Lebensmittel Zeitung*, Vol. 27, 6 July 2018.

[27] "Aldi is overhauling its stores to win the grocery wars and it's coming straight for Walmart and Kroger". *Business Insider*, 9 August 2018.

第 6 章

[1] Richardson, P.S., A.S. Dick and A.K. Jain, 1994. "Extrinsic and intrinsic cue effects on perceptions of store brand quality". *Journal of Marketing*, Vol. 58, No. 4, p. 28–36.

[2] Bao, Y., S. Sheng, Y. Bao, D. Stewart and G. Anderson, 2011. "Assessing quality perception of private labels: intransient cues and consumer characteristics". *Journal of Consumer Marketing,* 28/6, p. 448–458.

[3] "Preiswerte Produkte schneiden häufig positiv ab". *Lebensmittel Zeitung*, Vol. 33, 17 August 2018.

[4] *Handelsmarke gegen Marke: 72 Test mit 1739 Lebensmitteln — de Bilanz.* test.de the website of Stiftung Warentest, 25 July 2018.

[5] Veflen Olsen, N., E. Menichelli, C. Meyer and T. Næs, 2011. *Consumers' liking of private labels. An evaluation of intrinsic and extrinsic orange juice cues.* Research report published in Appetite.

[6] *The rise and rise again of private label.* The Nielsen Company 2018.

[7] DelVecchio, D. 2001. "Consumer perceptions of private label quality: the role of product category characteristics and consumer use of heuristics". *Journal of Retailing and Consumer Services*, Vol. 8 No. 5, p. 239–249.

[8] Sprott, D.E. and T.A. Shimp, 2004. "Using product sample to augment the perceived quality of store brands". *Journal of Retailing*, Vol. 80, No. 4, p. 305–315.

[9] Dunne, D. and C. Narasimhan, 1999. "The new appeal of private labels". *Harvard Business Review,* Vol. 77 No. 3, p. 41–52.

[10] Steenkamp, J-B.E.M., H.J. van Heerde and I. Geyskens, December 2010. 'What makes consumers willing to pay a price premium for national brands over private labels?' *Journal of Marketing Research*, Vol. 47, Issue 6, p. 1011–1102.

[11] Steenkamp, J.B.E.M. and I. Geyskens, 2010. *What drives store brand performance? An analysis across categories and continents.* Working paper.

[12] *Retaining Consumers Tempted by the Discount Model.* IPLC Research Report 2016.

[13] Fall Diallo, M., J.L. Chandon, G. Cliquet and J. Philippe, 2013. "Factors influencing consumer behaviour towards store brands: evidence from the French market". *International Journal of Retail & Distribution Management*, Vol. 41, No. 6.

[14] Sethuramana, R. and K. Gielens, February 2014. "Determinants of Store Brand Share". *Journal of Retailing*, Vol. 90, p. 141–153.

[15] "Aldi lässt hauseigene Produkte auf Marken los". Lebensmittel Zeitung 2, May 2018, p. 6.

[16] "Aldi polarisiert mit Markenvergleichen, Nord- und Süd-Gesellschaften werben mit Preisvergleich zwischen Marke und Private Label". *Lebensmittel Zeitung,* Vol. 16, 20 April 2018, p. 14.

[17] Shiv, B., Z. Carmon and Dan Ariely, November 2005. "Placebo Effects of Marketing Actions: Consumers May Get What They Pay For'. *Journal of Marketing Research,*

Vol. 42, p. 383–393.

[18] Lichtenstein, D.R. and Scot Burton, November 1989. "The Relationship between Perceived and Objective Price-Quality". *Journal of Marketing Research*, Vol. 26, p. 429–443.

[19] Steenkamp, J-B.E.M., H.J. van Heerde and I. Geyskens, December 2010. "What makes consumers willing to pay a price premium for national brands over private labels?". *Journal of Marketing Research*, Vol. 47, Issue 6, p. 101–102.

[20] Dawes, J. and M. Nenycz-Thiel, 2013. "Analysing the intensity of private label competition across retailers". *Journal of Business Research*, Vol. 66, p. 60–66.

[21] Beristain, J.J. and P. Zorrilla, 2011. "The relationship between store image and store brand equity: A conceptual framework and evidence from hypermarkets". *Journal of Retailing and Consumer Services*, Vol. 18, p. 562–574.

[22] Kremer, F. and C. Viot, 2012. "How store brands build retailer brand image". *International Journal of Retail & Distribution Management*, Vol. 40, No. 7, p. 528–543.

[23] Szymanowski, M. and E. Gijsbrechts, April 2012. "Consumption-Based Cross-Brand Learning: Are Private Labels Really Private?". *Journal of Marketing Research*, Vol. XLIX, p. 231–246.

[24] Sethuramana, R. and K. Gielens, February 2014. "Determinants of Store Brand Share". *Journal of Retailing*, Vol. 90, p. 141–153.

[25] Anselmsson, J., N.V. Bondesson and U. Johansson, 2014. "Brand image and customers' willingness to pay a price premium for food brands". *Journal of Product & Brand Management*, Vol. 23 Issue 2, p. 90–102.

[26] Geyskens, I., K.O. Keller, M.G. Dekimpe and K. de Jong, May-June 2018. "How to brand your private labels". *Business Horizons*, Vol. 61, Issue 3, p. 487–496.

[27] Distrifood and Nielsen 2017.

第 7 章

[1] *Retaining Consumers Tempted by the Discount Model.* IPLC Research Report 2016.

[2] *Opportunities in the Value-Added Private Label Market.* IPLC Research Report 2018.

[3] Ezrachi, A., 2010. *Unchallenged Market Power? The Tale of Supermarkets, Private Labels and Competition Law.* Working paper Forthcoming 33 (2) World Competition.

[4] Website Consumentenbond 2018.

第 8 章

[1] *Opportunities in the Value Added Private label market.* IPLC Research Report 2018.

[2] Communication from the Commission to the European Parliament, the Council, the European Economic and Social Committee and the Committee of the Regions, 9 December 2008. *Food prices in Europe.* Brussels, COM 821 final, 9.

[3] Dekimpe, G., K. Gielens, J. Raju, and J. S. Thomase, January 2011. "Strategic Assortment Decisions in Information-Intensive and Turbulent Environments". *Journal of Retailing.*

[4] Roberts, B. of Kantar, 30 January 2015. "Tesco cuts range by 30% to simplify shopping". *The Guardian.*

[5] Soberman, D.A. and P.M. Parker, 2006. "The economics of quality-equivalent store brands". *International Journal of Research in Marketing*, Vol. 23, p. 125–139.

[6] "TreeHouse Foods profiles the private label consumer". *Food Business News*, June 16, 2016.

第 9 章

[1] Analyst Group LZ Retailytics.

[2] Dobson, P.W., 2002. *Retailer Power in European Markets: Lessons form Grocery Supply.* Working paper, Loughborough University Research series.

[3] "Der Markt ist sehr nervös". Institute of Grocery Distribution in *Lebensmittel Zeitung,* Vol. 24, 15/06/2018, p. 25–27 IGD institute.

[4] Kate, G. ten and S. van der Wal, March 2017. *Eyes on the price, International supermarket buying groups in Europe.* SOMO Paper, Centre for Research on Multinational Corporations.

[5] Geyskens, I, K. Gielens and S. Wuyts, July 2015. "United We Stand: The Impact of Buying Groups on Retailer Productivity". *Journal of Marketing*, Vol. 79, p. 16–33.

[6] Dobson, P.W. 6–7 February 2003. *Buyer power in food retailing: the European experience.* Conference on changing dimensions of the food economy: exploring the policy issues. The Hague, the Netherlands.

[7] Kate, G. ten and S. van der Wal, March 2017. *Eyes on the price, International supermarket buying groups in Europe.* SOMO Paper, Centre for Research on Multinational Corporations.

[8] Westhoek, H. et al, 2013. *De macht van het menu. Opgaven en kansen voor duurzaam en gezond voedsel.* Planbureau voor de Leefomgeving, Den Haag, p. 3.

[9] Ezrachi, A. and K. de Jong, 2012. "Buyer Power, Private Labels and the Welfare consequences of Quality Erosion". *European Competition Law Review*, Vol. 33, Issue 5.

[10] H. Laaksonen and J. Reynolds, 1994. "Own Brands in Food Retailing Across Europe". *Journal of Brand Management* 37.

[11] Kuipers, P., 21 May 2007. *Retailer and Private Labels, asymmetry of information, in-store competition and the control of shelf space.* Deputy General Counsel Europe of Unilever

[12] Ezrachi, A. and K. Ahuja, 2015. "Private Labels, Brands and Competition Enforcement". *Brands and Competition Law.*

[13] "The sales job has changed, but grocery always leads the way". *The Grocer,* 3 September 2016.

[14] Ezrachi, A. and K. de Jong, 2012. "Buyer Power, Private Labels and the Welfare consequences of Quality Erosion". *European Competition Law Review*, Vol. 33, Issue 5.

[15] "Modern slavery: is this the human cost of cheap food?". *The Grocer*, 27 October 2018.

[16] *Retaining Consumers Tempted by the Discount Model.* IPLC Research Report 2016.

[17] "The cost of price rise refusals". *The Grocer,* 11 March 2017.

[18] Ezrachi, A. and J. Reynolds, 2009. "Advertising, Promotional Campaigns, and Private Labels" in A. Ezrachi and U. Bernitz, *Private Labels, Brands and Competition Policy, the Changing Landscape of Retail Competition.* OUP, Oxford.

[19] Erzachi, A. and U. Bernitz, 2009. *Private Labels, Brands and Competition policy, the changing landscape of retail competition.* Oxford University press.

第 10 章

[1] *Driving Private Label Growth through Collaboration, How private label manufacturers in Europe experience their relationship with their retail clients.* IPLC Research Report 2017.

[2] *Retaining Consumers Tempted by the Discount Model.* IPLC Research Report 2016.

[3] "How Tesco ran out of rabbits as it struggled to stem losses". *The Grocer*, 4 October 2014.

[4] "How 'forensic' auditors are piling pressure on suppliers". *The Grocer,* 14 February 2018.

[5] "As retailers improve should GCA go harder or go home?". *The Grocer,* 30 June 2018.

[6] "The five main takeaways from the GCA conference". *The Grocer*, 30 June 2017.

[7] "Forecast and promo failures driving waste warns Tacon".

The Grocer, 24 November 2017.

[8] "As retailers improve should GCA go harder or go home?". *The Grocer*, 30 June 2018.

[9] Grocery Code Adjudicator's Annual Survey 2018.

[10] Fourth Annual Report of the Supply Chain Initiative March 2018 and SCI website.

[11] "Trends in Retail Competition: Private Labels, brands and competition policy". Report on the fourteenth annual symposium on competition amongst retailers and suppliers, 15 June 2018. Institute of European and Comparative Law, University of Oxford.

第 11 章

[1] Selected Private Label precedent transactions by Oppenheimer, Nationaal Private Label Congres, 21 March 2017.

[2] Quelch, J.A. and D. Harding, 1996. "Brands versus private labels: Fighting to win." *Harvard Business Review.*

[3] Jong, K. de, November 2015. "Conagra Stumbles over Dual Tracking". *Global Retail Brands.*

[4] Ezrachi, A. and Ketan Ahuja, 2015. "Private Labels, Brands and Competition Enforcement". *Brands and Competition Law.*

[5] "Young buyers lack empathy". *The Grocer,* 8 December 2018.

[6] *Driving Private Label Growth through Collaboration.* IPLC Research Report 2017.

[7] "Quantum schmiedet neuen Waschmittelkonzern". *Lebensmittel Zeitung,* Vol. 13, 29/03/2018, p. 14 and "Konsolidierung auf Waschmittelmarkt bleibt aus".

Lebensmittel Zeitung, Vol. 38, 21/09/2018, p. 16.

第 12 章

[1] "Lidl baut eine Eiscremefabrik". *Wirtschaftswoche,* 27 August 2015.

[2] Krümpelmann, N. and H.J. Moog, February 2013. Interview. *Gemeinsam die Zukunft gestallten.* Handelsrundschau.

[3] PLMA E-scanner, October 2014.

[4] Presentation COOP during Private Label Executive Club Germany, October 2014.

[5] "Morrison's food manufacturing: asset of liability?". *Food Manufacture,* 14 March 2016.

[6] BRC website 2019.

[7] Havinga T., 2006. "Private regulation of food safety by supermarkets". *Law Policy* 28, p. 515–533.

[8] IFS website 2019.

[9] "Consumers still at risk from fraudsters says Elliott report". *The Grocer,* 14 December 2014.

[10] "The Elliott review misses the heart of the problem". *The Grocer*, 21 December 2013.

[11] "One nation's move to increase food safety with blockchain" and "The advantages of the blockchain for the food industry". *Blockchain Unleashed: IBM Blockchain Blog,* 17 February 2018.

[12] New Food website 17 May 2018.

[13] "Juicy details: Albert Heijn uses blockchain to make orange juice production transparent". *Ahold Press release,* 20 September 2018.

[14] Press release by Farm Dairy, 11 September 2018.

索 引

后　记

从 2022 年 3 月份到 2023 年 8 月，经过一年半时间的打磨，ILPL 我爱自有品牌团队终于把"自有品牌系列"的第二部《自有品牌革命：欧洲市场研究与实践案例》引进到中国出版。

而此时距离"自有品牌系列"的第一部《经营自有品牌：来自欧美市场的实践与调查》的发布，已经过去了整整五年。这五年时间，无论是国际零售市场，还是国内零售，都发生了巨大的变化。曾经的"零售王者"商超已经籍淡了往日荣光，在线上零售兴起、消费人群演进、疫情爆发等综合因素的冲击下，商超运营举步维艰。虽然其在渠道融合、场景打造、新品引入等方面有所探索，但其复苏之路仍然道阻且长。

根据中国连锁经营协会（CCFA）2022 年发布的《2021 年中国超市Top100》，2021 年超市百强销售规模为 9076 亿元，比 2020 年下降 2.6%。其中，62 家企业销售额出现负增长，负增长的企业数比上年增加近一倍。除了收入增长迟滞，商超的利润状况更是不容乐观。区域性零售商凭借区域深耕策略，获得了一定的品牌和供应链优势，少数商超业绩表现尚可：而全国性零售商的亏损更是主流，以永辉、大润发等 5 年前盈利尚可的佼佼者为例，2022 年前三季度，永辉已经陷入亏损泥潭，大润发也处于亏损边缘。中国商超零售企业无疑再次来到转型的十字路口——应该如何找到新的增长点，实现"突围"？

让我们把目光投向西方，去看看零售国际化程度做的最好的源头之地——欧洲。欧洲零售企业起源较早，主张自由竞争，企业按照利润最大化原则在全国乃至全世界配置资源，当门店效率低下，开始打造自身商品护城河，抵制品牌商的桎梏，当国内市场效率低下，就会向国外扩张，本质上就是一个突破国界限制，向外部市场寻求规模经济，提高资源配置效率的过程。

欧洲零售巨头 Aldi、Lidl、Edeka、Jumbo、Ahold Delhaize 经过两次大战以及经济萧条时期，为了生存和为消费者提供必需服务，形成了活跃的产品种类政策。

而在中国，面临着相似的困境，经过了国内零售行业的快速发展，消费者对于质价比和性价比更高商品的需求越来越大，怎么满足消费者日益升级的需求，成为零售商不得不思考的课题。重视自有品牌的塑造和发展，关注价值，改变商品供应逻辑，提高供应链效率，成为零售企业成功的关键。

荷兰学者科恩·德·琼（Koen A.M. de Jong）在 2018 年出版了《经营自有品牌》一书，在书中对自有品牌、零售商与制造商之间的互动以及自有品牌管理有了很深入的阐述。其第二部《自有品牌革命》列举大量欧洲零售商的问题和案例，符合我国自有品牌发展所遇到的问题，这就是我们为什么要将这部书引入国内的原因。

我们作为中国首家自有品牌综合性资源共享平台，在 2017 年成立之初，以打造中国最专业的自有品牌综合性资源共享平台为愿景，以推动中国自有品牌发展为使命，不断聚集行业优质资源，拓展国际业务，为自有品牌发展助力。

经过六年多的深耕行业，ILPL 我爱自有品牌团队目前做的事有三大块：

（1）专注自有品牌产业的品牌梳理和文化传播服务；

（2）为从事自有品牌产业的企业提供创意活动和跨界活动的全案策划和落地；

（3）联动零售企业上下游供应链，为双方提供切实有效的渠道拓展和落地。

ILPL 团队翻译引进自有品牌丛书，往小了说，是我们自身发展的需求。往大了说，也是希望给所有中国的自有品牌从业者一点信心，提振一些士气，输入一些有用的能量。

在本书翻译和出版过程中，我们得到了很多朋友、伙伴的鼓励与帮助。原著作者 Koen 先生，给予我们很多鼓励。中国连锁经营协会的彭建真先生、上海商学院的周勇先生，都不断的鼓励和帮助我们。在此，我们要向他们表示诚挚的感谢。

最后，ILPL 团队还要感谢所有参与翻译的成员，他们有从事自有品牌开发的产品经理，有负责品牌营销的伙伴，有负责媒体宣传的同仁，因为热爱，所以坚持，他们的坚持和努力，才最终有这样一部书，呈现在大家面前。

感谢诸位，期待这部书能给你们更多的收获。

ILPL 我爱自有品牌团队

2023 年 9 月 1 日